完整

汽車理論測驗

推薦中文版

THEORY TEST for Car Drivers in Chinese

(DSA PERMITTED TRANSLATION)
including the questions and answers

DRIVE-FOR-LIFE
School of Motoring
&
ROADWISE
School of Motoring

DESIGNED, EDITED, PUBLISHED AND DISTRIBUTED BY
R. K. KANDA D.o.T A.D.I. & G. S. SANGHA D.o.T A.D.I.
Drive-For-Life S.o.M. Roadwise S.o.M.

ISBN 1 901453 01 4

This book is also available in the following languages:

本書亦提供以下所列不同語言之翻譯版本：

孟加拉語 Bengali
英語 Chinese
古覺拉提語 Gujerati
北印度語 Hindi
彭加比語 Punjabi
唔魯都語 Urdu

Applications for reproduction to
Drive-For-Life Training Ltd. &
32 St. Werburghs Road
Chorlton
Manchester
M21 OTJ
0161 861 8935

Roadwise S.o.M.
32 Swinford Road
Park Village
Wolverhampton
WV10 9AP
01902 352 763

Acknowledgements

Drive-For-Life S.o.M. & Roadwise S.o.M. would like to thank the following for their assistance:

HMSO Copyright Unit

The Driving Standards Agency

Neeraj Verma (B.Sc.)

CONTENTS

目錄

INTRODUCTION

序言

在道路上行駛的車輛日益增多。因此教授新駕駛人有關車輛的謹慎駕駛技術、路況應變能力及為其他道路使用者著想的知識更顯異常重要。有鑑於此，駕駛標準處(Driving Standards Agency，簡稱為D.S.A.)自1996年7月1日起介紹一項名為"道路駕駛理論測驗"的筆試。這項改變意味著學習駕駛人在申請正式駕照前必須通過二項測驗：理論測驗筆試和實際駕駛路考。這項改革對改善英國的道路使用安全是相當重大及必要的一步。

本書將協助學習駕駛人學得所需的知識以應考理論測驗。本書的最終目的不僅在於協助你順利通過考試，也在於協助建立你的安全駕駛技巧及自信。

本書內容包含有關理論測驗的各項問題及解答，皆取材自D.S.A.的問卷題庫。問題解答採簡明易讀的方式陳列，並附有多項圖解以協助學習者明瞭答案之所以正確的原因，及確認良好駕駛習性。

Drive-For-Life S.o.M.及Roadwise S.o.M.願在此謹祝你順利通過理論測驗及實際駕駛路考。

有關本書

本書的用意在於

- 協助你為理論測驗做研讀
- 準備並協助你順利通過測驗
- 教予你一項終生受用的技巧

第一單元 將提供有關如何做好事前準備的訊息。

第二單元 將告訴你有關測驗的問卷及回答問題的方法。

第三單元 提供一些可能會被用在筆試問卷上的模擬試題以供參考。整份問卷共有35題，但是你可以不用回答所有的問題。

研讀書籍

在此特別提醒你仔細研讀由HMSO出版的"道路使用規則"(The Highway Code)。其他由HMSO出版有關駕駛類的書籍也可從各優良書店購得。

第一單元-事前準備工作

申請你的執照

- 你需要申請一份學習駕駛執照。
- 申請表格(D1)可在任何郵局取得。
- 在收到你的學習駕照後，請立即在駕照上簽名。絕對不要在完成以上手續前駕駛任何車輛。
- 唯有在取得學習駕照後，你才能參加理論測驗的筆試。

學習駕駛車輛

駕駛標準處(D. S. A.)認可汽車駕駛教練教導學習駕駛人。
凡經認可的汽車駕駛教練會時常接受標準檢驗，以確保其教學品質。

經認可的汽車駕駛教練必需

- 通過三項困難的測試
- 與D. S. A. 或D&VTA機構註冊在案
- 陳列其汽車駕駛教練的認可證明書(北愛爾蘭除外)

第二單元-測驗問卷

已為你的測驗做好準備?

在嚐試申請筆試之前請確認你已為此做好準備。事前的週全準備會節省你的時間和金錢。

D.S.A.授權DRIVESAFE代理舉行理論測驗筆試。

理論測驗筆試的舉行時間可安排在平常上班日，晚間及星期六。考試日期通常是在申請後的二星期左右。

你可從以下所列，找到適合你的地方測試中心：

- 你的汽車駕駛教練
- D.S.A.或D&VTA的駕駛測驗中心
- 訊息協助專線電話 0645 000 555

你可經由專線電話 0645 000 666申請在選定的測試中心參加考試，並可以信用卡或轉帳卡(Switch,Delta)付考試費用。

若你有任何特別的需要，請務必在申請書上註明。

請注意

自1997年1月起，學習駕駛人必須先通過理論測驗之後才能申請參加路考。

第二單元-測驗問卷

D.S.A.不斷定期回顧檢討其理論測驗問卷的正確性。因此某些用於問卷測試的問題，會定期依法律的修正而做修改。

- 測驗問卷上會有35題問題
- 你必須試著回答所有的問題
- 考試時間為40分鐘
- 從全卷35題中答對30題者即算測驗合格

不同種類的問題

- 大多數的問題會要求你從提供的四個答案中選出一個正確的答案。

例題:學習駕駛人要在道路上開車*必需*

選出一個正確答案
A 0 在他們的駕照上沒有違規點數的紀錄
B 0 有接受專業人員的教導
C 0 有一份簽了名的駕照
D 0 在12個月內申請駕駛測驗

- 另一類問題則要求你從所列的答案中選出二個或以上的正確答案。

例題:在哪二種情況下，你應該使用危險警告燈號？

選出二個正確答案
A 0 當行駛在高速公路上因前有危險而迅速減緩車速時
B 0 當你需要將車停在路邊的人行走道上時
C 0 當你的車輛拋錨時
D 0 當你希望停在黃線上時

第二單元－測驗問卷

- 有一些問題會顯示一些圖案，這類問題的用意在於測驗你有關交通號誌方面的知識或是辨認危險的能力。仔細研讀圖案再作答。

- 仔細研讀每一項問題，然後在你認為是正確答案旁的空格內打上記號。

- 事前做好充足的準備，你會發現筆試的問題並不困難。

- 如果你有學習方面的困難，不用煩惱，你會被給予多一些的時間來完成你的試卷。

- 當你想你已完成回答所有的問題，請再重新檢查一次所有填選的答案。

- 你將會在考試後的14天以內收到你的測驗結果通知。

PART THREE THE QUESTIONS

第三單元－測驗問題

在本書中你會發現某些問題可能會在理論測試的考卷上出現。各問題的答案都已附在本書的後半部以便利你的研讀。

為了參考上的方便及協助你的研讀，本書將全部的問題依性質分類。但是在正式的測驗問卷上，所有的問題都會混合在一起，考卷的形式也會與本書的問卷形式有所不同。

千萬不要只強記答案。最重要的是你要明白答案之所以正確的原因。

在本書中，我們特別將問題列在頁面的左側，並且在每個問題的右邊頁面提供簡單的解釋或線索，以利學習。

EXAMINATION REGULATIONS

CHINESE

考場規則

請仔細閱讀下列考場規則.

如規則中有任何不懂之處, 考生可要求監考人在考試開始以前向其解釋清楚.

如果有任何其他相關問題, 也請考生在考試開始前向監考人提出.

下列規則適用于所有考生, 不按這些規則去做可能導致考試無效; 也可能被要求立即離開"理論考試中心".

當考生在"理論考試中心"時:

1. 一定要保持安靜.
2. 任何時候都不要吸烟.
3. 任何時候都不要使用或啓動任何音像裝置.
4. 任何時候都不要用移動電話打出或接入電話.
5. 在考場里, 任何陪同考生的人不得在場.
6. 考生必須坐在監考人規定的座位上, 座位號就在桌面上.
7. 不要將任何個人物品放在桌面上.
8. 考生必須保證將個人物品, 如衣服、書包等, 放在所提供的衣架上, 也可放在椅子背后或放在你座位旁邊的地板上, 但要保證安全.
9. 本次考試規定的時間是40分鐘, 監考人在考試開始時將宣布考試的開始時間和結束時間, 并在考試結束前5分鐘給出提示.
10. 要等監考人給出指示后, 方可打開考卷.
11. 在整個考試期間, 不要同其他考生説話, 也不能抄襲其他考生的答案.
12. 如你在40分鐘考試時間結束前, 答題完畢并希望離開考場, 可舉手告訴監考人, 由監考人將卷子收走后方可離開, 離開時要安靜, 盡量不要打擾其他考生. 一經離開, 不得再次進入考場.
13. 監考人一經宣布考試時間到, 考生必須立即停止答題.
14. 在任何情况下, 不得將考卷帶出考場.

駕駛者筆試試卷

練習題

Surname

First Names

Booking Ref.

Pro. Licence No.

Centre No.

	D	D	M	M	Y	Y	Y	Y
Date								

	H	H	M	M
Time				

答題須知

1. 你必須找出每題的正確答案，然後在該答案前的方框內打叉（"X"）。
2. 請不要在試卷上寫任何文字。
3. 為便於你正確答題，我們在前兩題做了示範。
4. 若你選錯答案，請將選錯的答案完全劃掉，然後如右所示，在你要選擇的答案前的方框內打叉。

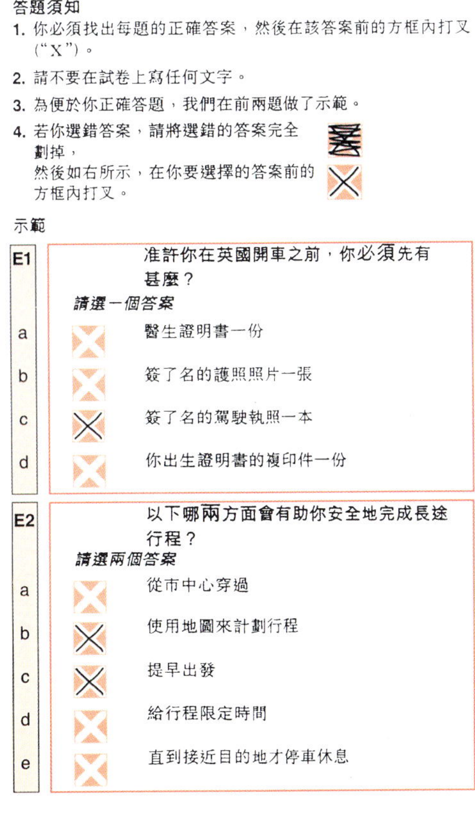

示範

E1 准許你在英國開車之前，你必須先有甚麼？

請選一個答案

- a 醫生證明書一份
- b 簽了名的護照照片一張
- c [X] 簽了名的駕駛執照一本
- d 你出生證明書的複印件一份

E2 以下哪兩方面會有助你安全地完成長途行程？

請選兩個答案

- a 從市中心穿過
- b [X] 使用地圖來計劃行程
- c [X] 提早出發
- d 給行程限定時間
- e 直到接近目的地才停車休息

P1 此標誌表示

請選一個答案

- a 沿着輪跡行駛
- b 前面路滑
- c 換行車線
- d 可能有人超車（扒頭）

P2 當以下哪三項示意你停車時，你必須照辦？

請選三個答案

- a 警察
- b 行人
- c 學校交通安全督導
- d 巴士司機
- e 紅交通燈

P3 甚麼情況下你應使用高速公路上的路肩？

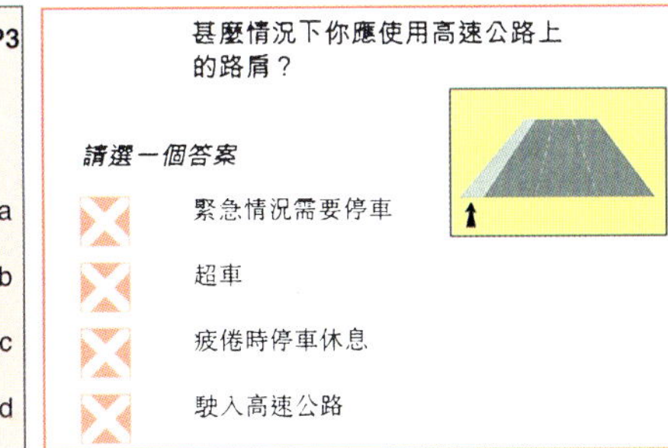

請選一個答案

- a 緊急情況需要停車
- b 超車
- c 疲倦時停車休息
- d 駛入高速公路

P4 圖中紅色車的司機應該如何做？

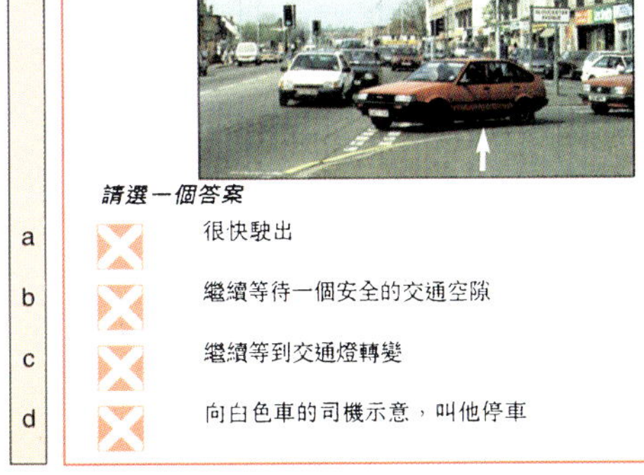

請選一個答案

- a 很快駛出
- b 繼續等待一個安全的交通空隙
- c 繼續等到交通燈轉變
- d 向白色車的司機示意，叫他停車

在未叫你答正式試題之前，請不要先開始。

TT26

APPLICATION FOR A DRIVING THEORY TEST APPOINTMENT

DSA DRIVING STANDARDS AGENCY

You can book your Driving Theory Test in one of two ways. **By Post** – Please complete this form and return it to the address below with your cheque or postal order. **By Telephone** – Please ring **0645 000 666** at any time between 8.00 a.m. and 6.00 p.m. Monday to Friday. When you ring please have ready your DVLA Driver Licence Number and credit or debit card details. If you book by telephone we can confirm the date and time of your test immediately. Welsh speakers please ring 0645 700 201. Minicom machine: 0645 700 301.

PLEASE COMPLETE ALL DETAILS IN CAPITALS AND RETURN TO: DRIVING STANDARDS AGENCY, PO BOX 444, COVENTRY. CV1 2ZY

Driver Licence Number (Copy this from your provisional driving licence)

Type of test (Please ✓ one only)

CAR ☐ **MOTORCYCLE** ☐ (incl. Mopeds) **LARGE GOODS** ☐ (incl. Lorries & Medium Goods) **PASSENGER CARRYING** ☐ (Buses & Coaches)

Title Mr/Mrs/Ms. **First Names** **Surname** **Date of Birth** Day Month Year **Sex** M/F

Address

Please provide contact numbers for use in the event of a query

daytime telephone number

evening telephone number

Postcode

At which centre would you prefer to take the test? (see details overleaf)

What is the earliest preferred date on which you could take a test? Day Month Year

Delete any sessions which you **cannot** attend

Daytime MON TUE WED THURS FRI SAT

Evening (6 p.m.) MON TUE WED THURS FRI

Do you require wheelchair access at the test centre? (please delete) YES / NO

Please let us know if you have any other special needs or any form or reading / writing difficulty e.g. dyslexia, deafness etc. Please provide details below as we may be able to provide assistance for you.

Please indicate if you would like to take a test paper in one of the alternative languages below. (Please ✓)

WELSH ☐ BENGALI ☐ URDU ☐ PUNJABI ☐ CHINESE ☐ GUJERATI ☐ HINDI ☐

Fee enclosed £

Cheque or Postal Order number

Please write your Driver Licence Number on the back of your cheque or postal order, which should be made payable to "Driving Standards Agency"

I confirm that I hold a provisional licence which entitles me to take this test.

Signature of Candidate

Date

REMEMBER, THE EASIEST WAY TO BOOK IS BY TELEPHONE WITH A CREDIT/DEBIT CARD

IF YOU HAVE ANY QUERIES ON THE APPLICATION FORM OR ABOUT THE DRIVING THEORY TEST, PLEASE CALL US ON 0645 000 555 OR WRITE TO US AT: DRIVING STANDARDS AGENCY, PO BOX 444, COVENTRY. CV1 2ZY

An executive agency of THE DEPARTMENT OF TRANSPORT

In the interest of customer service, your telephone conversation may be recorded.

GB DRIVING THEORY TEST CENTRES

Written Driving Theory Tests may be taken at any of the following test centres:

*Centres marked with an * are open on an infrequent basis. Contact the Enquiry Centre on 0645 000 555 for further details.*

Avon	**Bedfordshire**	**Berkshire**	**Borders**	**Buckinghamshire**	**Cambridgeshire**	**Central**
Bath Bristol	Luton	Reading Slough	Galashiels	Milton Keynes	Cambridge Peterborough	Stirling
Cheshire	**Cleveland**	**Clwyd**	**Cornwall**	**County Durham**	**Cumbria**	**Derbyshire**
Chester Runcorn	Middlesbrough	Rhyl	Penzance Truro	Durham	Barrow Carlisle	Chesterfield Derby
Devon	**Dorset**	**Dumfries & Galloway**	**Dyfed**	**East Sussex**	**Essex**	**Fife**
Barnstaple Exeter Plymouth Torquay	Bournemouth Weymouth	Dumfries Stranraer	Aberystwyth Haverfordwest	Brighton Eastbourne Hastings	Basildon Colchester Harlow Southend-on-Sea	Dunfermline
Gloucestershire	**Grampian**	**Greater London**		**Greater Manchester**		**Gwent**
Cheltenham Gloucester Swindon	Aberdeen Elgin *Huntly	Bexley Croydon Hillingdon	Ilford Kingston Wood Green	Manchester Oldham Salford	Stockport Wigan	Newport
Gwynedd	**Hampshire**		**Hereford & Worcester**	**Hertfordshire**	**Highland**	
Bangor	Aldershot Basingstoke Fareham	Portsmouth Southampton	Hereford Redditch Worcester	Stevenage Watford	Fort William *Helmsdale Inverness *Kyle of Lochalsh	Portree Ullapool Wick
Humberside	**Inner London**	**Isle of Wight**	**Kent**	**Lancashire**	**Leicestershire**	**Lincolnshire**
Grimsby Hull Scunthorpe	Vauxhall	Newport	Canterbury Gillingham	Blackpool Bolton Preston	Leicester	Boston Grantham Lincoln
Lothian	**Merseyside**	**Mid Glamorgan**	**Norfolk**	**North Yorkshire**	**Northumbria**	**Northamptonshire**
Edinburgh	Birkenhead Liverpool St. Helens	Merthyr Tydfil	Norwich	Harrogate Scarborough York	Morpeth	Northampton
Nottinghamshire	**Orkney**	**Oxfordshire**	**Powys**	**Shetlands**	**Shropshire**	**Somerset**
Mansfield Nottingham	Kirkwall	Oxford	Builth Wells	Lerwick	Shrewsbury	Taunton Yeovil
South Glamorgan	**South Yorkshire**	**Strathclyde**		**Suffolk**	**Surrey**	**Tayside**
Cardiff	Sheffield	Ayr Clydebank Glasgow Greenock	Motherwell Tarbert Tobermory	Bury St. Edmunds Ipswich Lowestoft	Guildford Staines	Dundee Pitlochry
Tyne & Wear	**Warwickshire**	**West Glamorgan**	**West Midlands**		**West Sussex**	**West Yorkshire**
Newcastle Sunderland	Coventry Stratford-upon-Avon	Swansea	Birmingham Dudley Solihull	Stoke Sutton Coldfield Wolverhampton	Crawley Worthing	Bradford Leeds
Western Isles	**Wiltshire**					
Stornoway	Salisbury					

Your address details may be used to send you information about learning to drive, road safety and other motoring matters. Please tick the box if you do not wish to receive such information. ☐

Telephone Payment by debit / credit card

You may book tests at any of these centres by ringing us on **0645 000 666** – Welsh speakers dial 0645 700 201 – Minicom machine number 0645 700 301 – with your credit / debit card details, Monday to Friday, 8 a.m. to 6 p.m. We are happy to accept bookings using Access, Visa, Switch and Delta cards when presented by the account holder in person.

Postal Payment

If you prefer to pay by post, please fill in the details overleaf and send this completed form with your cheque or postal order to us at:

Driving Standards Agency, P.O. Box 444, Coventry. CV1 2ZY

Cheques and Postal Orders must be made payable to **"Driving Standards Agency"**.

Please write your DVLA Driver Licence Number on the back of your cheque or postal order.

SECTION 1 ALERTNESS

第一部分
機敏警覺性

這部分專注於你的駕駛警覺性及注意力

你會被問及有關以下的問題

觀察能力

預期能力

注意力集中能力

察覺力

轉移注意力

無聊感

第一部分-機敏警覺性

問題 1
當你在路上要把車轉移方向時你應

選出一個正確的答案
A ● 注意四處是否有其他的道路使用者
B O 如果可能儘量利用停車道
C O 開上人行道的邊石
D O 始終都把手按在手剎車上

解釋 1
練習培養良好的觀察力以確保你察覺其他的道路使用者。

問題 2
你正要倒車至支線道路。在倒車時你應看哪裡為輔助？

選出一個正確的答案
A O 看車內的照後鏡
B O 看靠人行道邊的車邊照後鏡
C ● 經由後車窗看出去
D O 看遠離人行道邊的車邊照後鏡

解釋 2
應用所有的照後鏡觀察，但最主要仍是利用後車窗及邊車窗觀察。倒車時應多利用後車窗觀察。

問題 3
要安全的從停車所在將車開出，你應

選出一個正確的答案
A O 打上燈號以防其他駕駛人須要減緩其車速
B ● 利用所有的照後鏡觀察，最後並轉頭做實際觀察
C O 如在你之前另有一部停駐的車輛，就不要四處觀察
D O 除了使用方向燈號外，也使用手勢訊號

解釋 3
在把車開出前再作一次四面觀察，你可能會發現任何在照後鏡中沒有觀察到的道路使用者。

問題 4

你想要安全的從停車所在將車開出但是路況非常繁忙，有許多車從你後面經過，你應

選出一個正確的答案

A 0 打方向燈號，一旦有人向你閃前車燈便立即開出

B 0 在等待一個縫隙將車開出時便同時把方向燈號打上

C 0 強硬加入繁忙的交通道路直到別人讓路

D 0 不打方向燈號，靜待一個安全距離縫隙出現時將車開出

解釋 4

在打方向燈號前先考慮有無任何東西在你的後方。如果有駕駛人向你閃前車燈，你應**特別小心**，他閃車燈的原因可能與你所想像的不同。

問題 5

最安全的剎車方法為何？

選出一個正確的答案

A 0 開始要停車時，先輕踩剎車踏板然後踩重一些直到車剛要停時再放鬆剎車踏板

B 0 重踩剎車踏板並將排檔器打至空檔，然後在車剛要停時將手剎車拉上

C 0 輕踩剎車踏板，在車即將停妥時踩下離合器踏板和拉上手剎車

D 0 將排檔器打至空檔，重踩剎車直到車剛要停時再放鬆剎車踏板

解釋 5

試著事先計劃以免重踩剎車。直到車完全停妥時才把排檔器打至空檔，否則可能導致失去控制。

問題 6

在以下哪種情形，你應預期其他駕駛人會由道路的左方或右方超車？

選出一個正確的答案

A 0 在雙線道公路
B ● 在車輛單向行駛道路
C 0 在高速公路
D 0 在道路施工而特定的逆向行駛車道

解釋 6

如果你行駛在單向行駛道路上，預期其他的駕駛人會由道路的左方或右方超車。

問題 7

你在繁忙的道路上想要超越一輛行駛緩慢的長貨櫃車，你應

選出一個正確的答案

A ● 與前車保持良好距離，直到你可清楚的看到前面的路況
B 0 跟在前車之後直到前車駕駛人揮手叫你超車
C 0 閃爍你的前車燈，叫對方來車讓路
D 0 緊跟前車但不時從其後方移出以探視前方路況

解釋 7

如果前有行駛緩慢的車輛，你應要有耐心。與前車保持良好距離，所以你可清楚的看到前面的路況，確定安全之後再超車。

問題 8

你只應在哪種情形下用手提電話

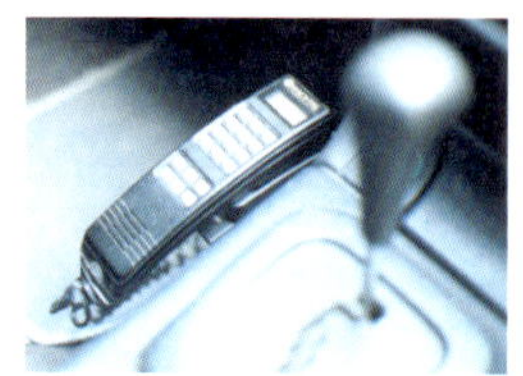

選出一個正確的答案

A 0 如果你開的是自動排檔車
B 0 當你已將車停在安全的地方
C 0 如果你需要打一個緊急電話
D 0 當你行駛在小路上

解釋 8

如果你有手提電話，總是將車先停在安全的地方再使用電話。
千萬不要在行駛中使用。

問題 9

如果你的車內裝置有電話，在回答電話時你必須

選出一個正確的答案

A 0 減緩車速
B 0 用一手開車
C 0 在接近路口時要特別小心
D 0 找一個安全的地方停車

問題 10

在夜間開車，對方來車的前車燈強光使你目眩眼花。此時你應

選出一個正確的答案

A 0 減緩車速或停車
B 0 閉起眼睛
C 0 閃示你的前車燈
D 0 把遮陽板拉下使用

解釋 10

對方來車的前車燈強光常易造成注意力的分散。如果這會使你目眩眼花，記得絕對不要

- 閉起眼睛
- 閃示你的前車燈，這只會使得對方駕駛分心。

SECTION 2 ATTITUDE

第二部分
態度

這部分專注於你對待其他道路使用者的態度

你會被問及有關以下的問題

體諒顧慮

近距離跟隨

禮貌

優先權

第二部分 – 態度

問題 1
行人穿越道上的交通號誌閃著黃燈，你應

選出一個正確的答案
A ● 讓路給正在穿越馬路的行人
B O 如果你能安全的停車則停車
C O 停車並等號誌轉換為綠燈
D O 讓路給等著穿越馬路的行人

解釋 1
由交通號誌控制的行人穿越道通常是由行人按控制鈕來改變燈號。這類交通號誌不會在綠燈前顯示紅燈及黃燈，只有黃燈閃示。
黃燈閃示意味著你必須讓路給正在穿越馬路的行人，如果路上沒人則可開過。

問題 2
你正駛近一個裝設有交通號誌的行人穿越道。目前正閃著黃燈，你必須

選出一個正確的答案
A O 鼓勵行人穿越馬路
B O 停止不動直到綠燈顯示
C ● 讓路給正在穿越馬路的行人
D O 停車，即使馬路上沒人

解釋 2
當行人正在穿越馬路時，不要
- 揮手或閃前車燈來鼓勵行人穿越 – 他們可能會會錯意。
- 不耐煩的踩油門以加重引擎聲

問題 3
你正駛近一個普通的斑馬線，有行人等著過馬路。你應

選出一個正確的答案
A O 只讓路給年老及體弱者
B O 閃前車燈叫他們通過
C O 揮手叫他們通過
D ● 減低車速並準備停車

解釋 3
一般的斑馬線有
- 在路兩旁閃爍的黃色燈號
- 地上顯示有黑色及白色的線條
- 在斑馬線的兩邊畫有白色鋸齒狀線條。

問題 4

你停車等行人穿越馬路，但是他們沒有立即跨越。你應該如何？

選出一個正確的答案

A ● 耐心的等待
B 0 按喇叭催促
C 0 立即開走
D 0 揮手叫他們通過

解釋 4

你停車等著行人穿越馬路，但是他們沒有立即跨越時，不要

- 揮手叫他們通過
- 按喇叭催促

如果此時有另一輛車迫近而未看到或聽到你的訊號，這可能會造成危險。

要有耐心的等待。

問題 5

你的車速是每小時55英里且前方有車。兩車之間的安全距離應為何？

選出一個正確的答案

A 0　25公尺（　80呎）
B 0　45公尺（150呎）
C 0　35公尺（115呎）
D ●　55公尺（180呎）

解釋 5

車禍最常發生的原因在於與前車之保持距離太近。這不但會影響你的駕駛視線，在需要剎車時也會因你不夠時間反應而造成危險。
理想的距離標準為每一英里的行駛時速應保有1公尺(3呎)的距離。

問題 6

在什麼情形下，兩秒鐘的距離在於你和前車之間是足夠的？

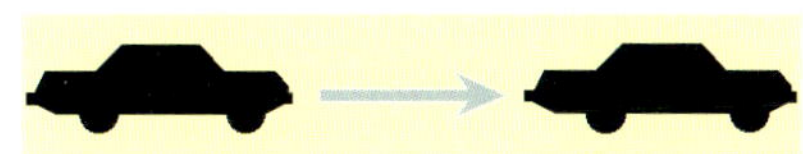

選出一個正確的答

A 0 潮溼的路況
B 0 不完全乾燥的路況
C ● 良好的路況
D 0 有霧的天氣路況

解釋 6

在良好乾燥的路況上，一個警覺的駕駛人開著一輛車輪及剎車性能都很良好的車，需要至少和前車保持兩秒鐘的距離。

問題 7
以下哪二個是照成車尾被撞車禍的原因？

選出二個正確的答案
A ● 沒有專心注意路況
B 0 交通號誌突然改變
C ● 與前車之距離太靠近
D 0 行人正跨越忙碌的住宅區域
E 0 在每個路口停止

問題 8
你行駛在快速道路上，路況良好。你如何確定保有安全距離？

選出一個正確的答案
A 0 前車與你之間的距離應為你的車身長度的兩倍
B ● 前車與你之間應有相隔兩秒鐘的距離
C 0 前車與你之間的距離應為你的剎車距離
D 0 前車與你之間應有相隔一秒鐘的距離

問題 9
你駕車行駛在潮溼的路況上，並且你的前方也有車。你應在兩車間保持至少多少時間的距離？

選出一個正確的答案
A ● 4秒鐘
B 0 1秒鐘
C 0 2秒鐘
D 0 3秒鐘

解釋 9
潮溼的路況會增長你停車所需要的時間。" 2秒鐘時間的規則" 會加長到至少**4秒鐘**。

問題 10

在你後方的另一輛車駕駛人似乎很匆忙，而且他的車距離你很近。你應

選出一個正確的答案

A 0 打左方向燈並作手勢讓他通過
B 0 減低車速好讓他超車
C 0 把車開到路中央
D ● 不做任何反應，保持車速在法定的時速限制內

解釋 10

如果你正依法定時速行駛，在後方的車輛變得不耐煩而要超車，就讓他超車。如果他違反法律，那是他的錯。

問題 11

你正依法定時速行駛，一輛車由後方快速趕上並向你閃示他的前車燈。你應

選出一個正確的答案

A 0 加快車速以保兩車間的距離
B ● 讓他超車
C 0 輕踩剎車以顯示你的剎車燈
D 0 保持車速並且預防他超車

解釋 11

不要以阻礙其他車輛的進行來加強實行時速限制。

問題 12

你依法定時速行駛，有車想由後方超車。你應該防止他超車嗎？

選出一個正確的答案

A 0 不該。除非安全情況許可
B 0 應該。因為他的駕駛行為太危險
C 0 應該。因為他的駕駛行為違反法律規定
D ● 不該。不論在什麼狀況下

問題 13
你在窄路上駕著一輛慢速移動的車輛。當有車想要超越你時，你應

選出一個正確的答案
A 0 不做任何反應
B ● 儘早在安全的地方把車停到一旁
C 0 將危險警示燈號打上
D 0 立即停止並作手勢讓其他車輛通過

解釋 13
試著不要造成交通排長龍的現象，這可能會導致其他駕駛人失去耐心。

問題 14
你在狹窄彎曲的路上駕著一輛慢速移動的車輛。你應

選出一個正確的答案
A ● 在安全的地方把車停到一旁，好讓其他車輛通過
B 0 開到路中央以防其他車超越
C 0 如果你認為後方車輛可很快超越你，則做手勢讓他超車
D 0 當前面路況可安全的讓後車超越時，打上你的左方向燈

問題 15
在車頂上方裝有黃色閃示燈號的車輛是

選出一個正確的答案
A 0 一輛快速行駛的緊急救護車
B 0 趕赴急診的醫生
C ● 一輛行駛緩慢的車輛
D 0 一輛載有現款的警衛車

解釋 15
如果你駕車跟在車頂上方裝有黃色閃示燈號的車輛後面，要提高警覺。因為那部車可能行駛得很慢，或是正在從事汽車拋錨的救護工作。

問題 16
哪一類的緊急救護車輛裝有綠色閃示燈號？

選出一個正確的答案
A 0 消防救火車
B ● 醫生的車
C 0 冬天在路上施灑鹽的工程車
D 0 救護車

問題 17
車輛頂方裝有綠色閃示燈號的是

選出一個正確的答案
A ● 一輛趕赴急診的醫生車輛
B 0 一輛行駛緩慢的車輛
C 0 一輛高速公路警察的巡邏車
D 0 一輛載有危險化學品的車輛

問題 18
行駛車輛在靠近有電車的地方時應要格外小心。因為

選出一個正確的答案
A 0 電車可能會因電池充電而突然停止
B 0 電車是全自動化的，沒有駕駛員在車上
C ● 電車的速度及接近時的無聲
D 0 你不可將車開在電車軌道上

解釋 18
現代的電車行駛速度相當快，並且你可能會聽不到它接近時的聲音。由於固定軌道的關係，它無法行駛繞過你的車輛所在。

問題 19
一輛停在前方公車站牌的公車正打著右方向燈。你應

選出一個正確的答案
A 0 閃示你的前車燈並減速
B ● 如果安全許可，減速並讓道
C 0 按喇叭並保持前進
D 0 減速然後按喇叭

解釋 19
如果安全許可，讓道給公車，尤其是公車打燈號試著從站牌開上道路時。對下公車及跨越馬路的行人也要特加注意。

問題 20
只有在哪種情形下，你應對其他道路使用者閃示你的前車燈？

選出一個正確的答案
A 0 讓他人知道你在讓路
B ● 讓他人知道你的所在處
C 0 讓他人知道你即將倒車
D 0 讓他人知道你有優先通行權

解釋 20
只有在讓他人知道你的所在處的情形下，你應對其他道路使用者閃示你的前車燈。
不要用來
- 向其他駕駛人打招呼
- 表示你的不耐煩
- 表示你在讓路

問題 21
什麼情況下你應使用汽車喇叭？

選出一個正確的答案
A 0 讓你有優先通行權
B 0 向其他駕駛人打招呼
C 0 表示你的不滿
D ● 警告其他駕駛人有關你的所在處

解釋 21
你只應使用汽車喇叭警告其他駕駛人有關你的所在處。
你不應於晚間的11點30分到次日早晨的7點之間在住宅區使用汽車喇叭或是你的車輛處於靜止狀態時 – 除非其他行駛中的車輛會造成危險。

問題 22
一輛車從前方叉路轉進插入行駛在你的車前，你應如何？

選出一個正確的答案
A 0 閃示前車燈並加快車速貼近那部車
B 0 突然超車然後向他按喇叭
C ● 減速並準備停止
D 0 立即加速通過那部車

解釋 22
事前計劃並學習預期危險發生的可能性。當狀況發生時就能給自己多一些的時間來反應。

問題 23
你正開車在一條單方向行駛道路上並且想要右轉，你應把車開在

選出一個正確的答案
A 0 左線道
B 0 依路上車輛的多少而決定開在哪一線道
C 0 中央線道的左邊
D ● 右線道

解釋 23
如果你正開車在一條單方向行駛道路上並且想要右轉，你應把車開在右線道。這樣其他不右轉的駕駛人便可行駛在你左方的線道。

第三部分
安全及你的車輛

這部分專注於安全問題及你的車輛

你會被問及有關以下的問題

錯誤的查明

錯誤及其對安全程度的影響

安全工具的使用

汽車廢氣排放

噪音

問題 1
下列哪一項如果讓其程度降至低點，可能會造成車禍？

選出一個正確的答案
A 0 防凍液劑的程度
B ● 剎車油劑的程度
C 0 電池箱內的純水程度
D 0 散熱器中的冷卻劑

問題 2
為確保你車輛的安全使用性能，以下哪四項應保持良好的狀態？

選出四個正確的答案
A ● 速度儀表
B ● 車窗清洗劑及其控制
C 0 溫度儀表
D ● 車窗雨刷
E ● 喇叭
F 0 油壓警示燈號

問題 3
如果車輪的胎壓不夠，以下哪**二**項會受到嚴重影響？

選出二個正確的答案
A 0 換檔
B 0 停車
C ● 剎車
D ● 駕駛控制

第三部分 － 安全及你的車輛

解釋 1 & 2
為確保你車輛的安全使用性能，你應時常檢查車況。養成習慣檢查以下各項
- 喇叭
- 車窗雨刷
- 車窗清洗劑及其控制
- 剎車油劑
- 各項燈號-請人協助檢查剎車燈
- 方向指示燈
- 電池-免保養類的電池就不必添加純水
- 檢查駕駛方向盤的控制性能
- 汽車油劑
- 水
- 緩衝性能

解釋 3
機器與車輪的胎壓應至少每週檢查一次。
你的車輪是全車唯一著地的部分，因此對你的安全非常重要。

問題 4

時常保持正確的汽車胎壓是非常重要的。應該在什麼時候檢查？

選出一個正確的答案

A 0 在任何長途旅程之後
B ● 趁車胎冷的時候
C 0 在高速駕駛後
D 0 趁車胎熱的時候

解釋 4

正確的汽車胎壓可減低車輪打滑的機率並增加旅途的安適。

趁車胎冷的時候檢查胎壓，這樣才能得到較正確的讀數。長途旅程後的胎壓會因熱而增高。

問題 5

防止追撞前車的最重要因素為

選出一個正確的答案

A 0 確認你的剎車功能良好
B 0 總是駕駛於穩定的車速
C ● 保持正確的行車距離
D 0 確認車胎合乎法律規定的要求

解釋 5

保持正確的行車距離和事前計劃都會幫助你成為一個較為安全的駕駛人。

問題 6

法定的最低汽車輪紋深度為

選出一個正確的答案

A 0 2.5公釐
B 0 4公釐
C 0 1公釐
D ● 1.6公釐

解釋 6

汽車輪紋一定需要保持在良好的深度。

問題 7

過度或不均勻磨損的車胎可由以下哪三種原因造成？

選出三個正確的答案

A O 換檔齒輪箱
B O 油門踏板
C ● 剎車系統
D ● 不正確的車輪平行矯正
E ● 緩衝系統性能
F O 廢氣排放系統

解釋 7

不均勻磨損的車胎可由你的車輛狀況所造成。
經常保養你的車輛以保持剎車、駕駛及車輪平行矯正之狀況。

問題 8

駕駛儀表板上的這個警示燈號的意義為

選出一個正確的答案

A ● 危險警示閃示燈號
B O 三角警示架
C O 遠光燈
D O 手剎車已拉上

解釋 8

瞭解你所駕駛的車輛，在開上道路前必須確實瞭解所有開關及儀表的作用。

問題 9

當你剎車而車偏向一旁時，造成這個錯失的最可能因素為

選出一個正確的答案

A 0 剎車油劑的程度太低
B 0 手剎車仍然上著
C ● 剎車的調整度太差
D 0 不正確的胎壓

解釋 9

當發現你剎車而車偏向一旁時，將車送往合格車廠檢修。

問題 10

當你剎車而車偏向一旁時，你應

選出一個正確的答案

A 0 對換車胎
B 0 剎車時上下不停的踩剎車踏板
C 0 同時使用你的手剎車
D ● 儘早和你的汽車保養廠聯繫

解釋 10

汽車或機械上的剎車系統性能一定要保持良好的狀況及適度的調整。

問題 11

開車時若聞到一股強烈的汽油味，你應

選出一個正確的答案

A ● 停車並找出問題的所在
B 0 不用煩惱，只不過是從排氣系統所放出的煙罷了
C 0 降低車速繼續行駛
D 0 希望在開過幾哩路後就會停止

解釋 11

不要在靠近漏油的地方吸煙或點火。儘早和你的汽車保養廠聯繫檢修。

問題 12
在什麼情形下，即使你的剎車燈失靈，你仍可駕駛該車？

選出一個正確的答案
A ● 絕不可以
B 0 在白天
C 0 去做MOT測試時
D 0 在緊急的時候

解釋 12
不論白天或晚間，所有的車燈號誌都必須工作正常。如果失靈，切勿開駛。

問題 13
什麼時候可以使用危險警示燈號？

選出一個正確的答案
A 0 平行停在另一輛車旁時
B ● 拋錨時
C 0 停在雙黃線上時
D 0 被拖吊時

解釋 13
危險警示燈號可以用來警告其他的道路使用者，當你
- 拋錨並造成交通阻塞時
- 在高速公路上要警示後方車輛有關前方道路的危險狀況時

問題 14
為什麼穿著適當的鞋開車很重要？

選出一個正確的答案
A 0 防止腳踏板的橡皮磨損
B 0 增助你的換檔速度
C 0 車子拋錨時可以走路去求救
D ● 保持對腳踏板的安全控制

解釋 14
舒適的鞋可以增進你對腳踏板的安全控制。

第三部分 – 安全及你的車輛

問題 15
什麼可以減低車禍時頭部受傷的危險？

選出一個正確的答案
A 0 氣墊式椅座
B 0 防止剎車鎖定系統(A.B.S.)
C ● 正確調適的頭部墊枕
D 0 可摺式的方向盤

問題 16
你的乘客中包括2個兒童及他們的父母。是誰的責任監督兒童們確實使用安全帶？

選出一個正確的答案
A 0 兒童們的父母
B ● 你
C 0 在前座的乘客
D 0 兒童們

解釋 16
安全帶保護生命並減少受傷的機率除了特殊的例外原因，你一定要使用安全帶。法律規定乘客也應使用安全帶。詳細規則請參照圖表。

	前座	後座	責任
駕駛人	若裝有安全帶則須佩帶使用		駕駛人
3歲以下兒童	必須使用適當的兒童安全帶或座椅	若有適當的兒童安全帶或座椅則必須使用	駕駛人
3歲至11歲孩童身高在1.5公尺以下者(約5呎)	若有適當的兒童安全帶或座椅則使用，若無則使用成人安全帶	若有適當的兒童安全帶或座椅則使用，若無則使用成人安全帶	駕駛人
12或13歲或年齡較小但身高達1.5公尺以上者(約5呎)	若有成人安全帶則須佩帶使用	若有成人安全帶則須佩帶使用	駕駛人
成人乘客	若有安全帶則須佩帶使用	若有安全帶則須佩帶使用	乘客

問題 17

若車內裝置有安全帶，乘坐人必須使用安全帶。除非他們是

選出一個正確的答案

A 0 未滿14歲
B 0 身高少於1.5公尺(5呎)
C ● 因醫學方面的原因而例外者
D 0 坐在後座

問題 18

駕駛人必需確定哪些人使用安全帶？

選出一個正確的答案

A 0 所有的前座乘客
B ● 14歲以下的兒童
C ● 所有的乘客
D 0 所有的後座乘客

解釋 18

你應對車內乘客的使用適當安全束縛設備負責。

問題 19

下列哪種容器可以拿來放在車中存放後備的汽油？

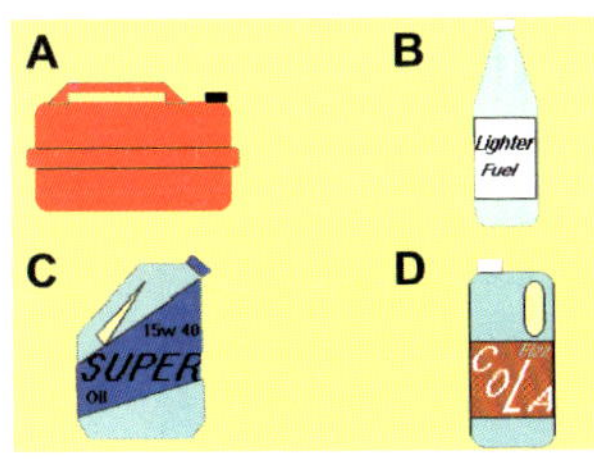

選出一個正確的答案

A ● A
B 0 B
C 0 C
D 0 D

解釋 19

可以在車中存放後備的汽油，但應選用專為此目的而設計的容器。

問題 20

什麼情形下絕不可使用汽車喇叭？

選出一個正確的答案

A ０ 晚間10點到次日早晨6點之間在住宅區
B ● 晚間11點30分到次日早晨7點之間在住宅區
C ０ 任何時間在住宅區
D ０ 晚間11點30分到次日早晨6點之間在任何路上

解釋 20

車輛會製造噪音，因此應儘量避免製造過度的聲音，尤其是晚間在住宅區域。

不要

- 發重引擎聲
- 在晚間11點30分到次日早晨7點之間按喇叭(除非是有必要警示其他行駛中的車輛)。

問題 21

需倒車而無法看清後方時，你應

選出一個正確的答案

A ０ 打開窗戶向後看
B ０ 打開車門向後看
C ０ 看靠近路邊的車邊照後鏡
D ● 請別人引導你

解釋 21

如果你要將車轉方向，試著找一個可以看清四週的地方倒轉。

問題 22

在加油站你**絕對不可**做什麼？

選出一個正確的答案

A ０ 四處跑
B ● 抽煙
C ０ 吃東西
D ０ 清洗

解釋 22

絕不要在加油站前吸煙，以免引起危險和嚴重火災。

SECTION 4 SAFETY MARGINS

第四部分
安全界限

這部分專注於安全界限問題及它們如何會因不同狀況而受到影響

你會被問及有關以下的問題

停止距離

路面狀況

車輪打滑

天氣狀況

問題 1
車速時速30英里在良好的路況時，至少需要多少剎車距離？

選出一個正確的答案
A 0 2個車身的長度
B ● 6個車身的長度
C 0 3個車身的長度
D 0 1個車身的長度

問題 2
你在良好乾燥的路面上駕著一輛剎車及輪胎性能都良好的汽車。時速40英里的最短全面停止距離為

選出一個正確的答案
A ● 36公尺（120呎）
B 0 23公尺（ 75呎）
C 0 96公尺（315呎）
D 0 53公尺（175呎）

問題 3
時速50英里的剎車距離為？

選出一個正確的答案
A 0 55公尺（180呎）
B 0 24公尺（ 79呎）
C ● 38公尺（125呎）
D 0 14公尺（ 45呎）

第四部分 – 安全界限

解釋 1
無論時速多少，知道你的全面停止距離是非常重要的。需要多久的時間停止則受下列因素影響。

- 行車速度
- 路面是否平坦、上坡或下坡
- 天氣及道路狀況
- 輪胎、剎車及緩衝系統的性能
- 你的反應時間

停止距離可分為
思考距離
剎車距離

思考距離是從你看到有必要剎車到你真正踩剎車時的行駛距離。

剎車距離則是從踩剎車的那刻起到完全停止的那時為止你所駕駛的距離。

問題 4

你以時速55英里行駛在路況良好處。
你與前車的最低安全距離為

選出一個正確的答案

A ○ 35公尺 (117呎)
B ● 55公尺 (180呎)
C ○ 65公尺 (215呎)
D ○ 75公尺 (245呎)

問題 5

時速70英里的最短停車距離為

選出一個正確的答案

A ○ 53公尺 (175呎)
B ○ 60公尺 (200呎)
C ● 96公尺 (315呎)
D ○ 73公尺 (240呎)

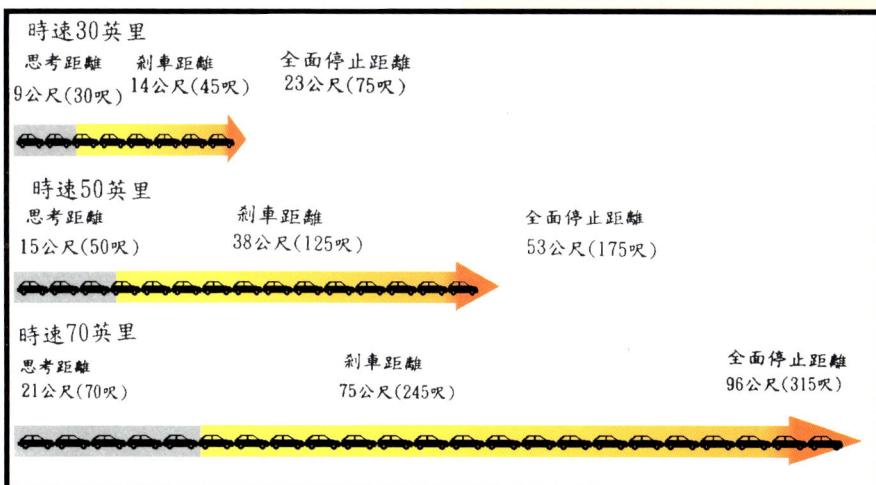

時速30英里

思考距離	剎車距離	全面停止距離
9公尺(30呎)	14公尺(45呎)	23公尺(75呎)

時速50英里

思考距離	剎車距離	全面停止距離
15公尺(50呎)	38公尺(125呎)	53公尺(175呎)

時速70英里

思考距離	剎車距離	全面停止距離
21公尺(70呎)	75公尺(245呎)	96公尺(315呎)

問題 6

你以時速50英里行駛在路況良好處。你的最短停車距離為

選出一個正確的答案

A 0 23公尺（ 75呎）
B 0 36公尺（120呎）
C 0 73公尺（240呎）
D ● 53公尺（175呎）

問題 7

時速60英里行駛在乾燥的路況時，最短的全面停止距離為

選出一個正確的答案

A 0 96公尺（315呎）
B 0 58公尺（190呎）
C ● 73公尺（240呎）
D 0 53公尺（175呎）

問題 8

你行駛在快速空曠的良好路況。為安全起見，你與前車應距離

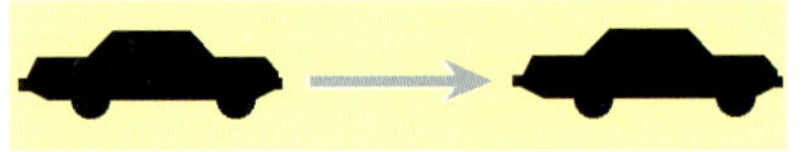

選出一個正確的答案

A ● 2秒鐘的距離
B 0 1個車身的長度
C 0 2公尺（7呎）
D 0 2個車身的長度

問題 9
你的全面停止距離會大幅增加，如果你行駛在

選出一個正確的答案
A ● 雨天
B O 有霧的天氣
C O 夜間
D O 大風中

解釋 9
在雨中駕駛要格外小心。溼滑路況會影響剎車所需時間到至少兩倍的程度。

問題 10
在大雨後，停車距離會較長的原因為

選出一個正確的答案
A O 你可能看不見大的積水處
B O 剎車系統溼冷
C O 在車窗上的雨水使你視線模糊，無法看清路況
D ● 輪胎的抓地力較弱

解釋 10
溼滑路面的水分會減低輪胎的抓地力，因此容易失去控制。
造成輪胎失去抓地力的因素為
- 過度的加踩油門
- 轉彎太快
- 剎車太重
- 粗猛的方向控制(突然轉向)

問題 11
在大雨中駕駛，方向盤忽然變得很輕，要再取得控制力，你必須

選出一個正確的答案
A O 切換至較低檔行駛
B ● 放鬆油門踏板
C O 輕踩剎車以減低車速
D O 行駛在靠近較乾燥的路面

解釋 11
如果發現方向盤忽然變得很輕，輪胎的抓地力減低，要再取得控制力，就要放鬆油門踏板。不要
- 剎車
- 踩下離合器踏板
- 猛烈的轉動方向

問題 12
你行駛過一處積水處，你該做的第一件事是

選出一個正確的答案
A ● 試你的剎車
B O 停下檢查車胎
C O 停下弄乾剎車
D O 把車窗雨刷開起來

問題 13
在冰地上的剎車距離會需

選出一個正確的答案
A O 平常的2倍距離
B O 平常的5倍距離
C ● 平常的10倍距離
D O 平常的7倍距離

解釋 13
剎車距離會被冰滑及下雪天氣所影響。需要特別小心駕駛並預期加長你的停車距離。

問題 14
行駛在冰滑的路況時，方向盤會變輕，因為輪胎

選出一個正確的答案
A O 抓地力較強
B ● 抓地力較弱
C O 太軟
D O 太硬

解釋 14
如果你放鬆油門，就應可得回一些駕駛控制力。

問題 15
行駛在冰滑的路況時，如何防止輪胎打滑？

選出一個正確的答案
A 0 如果輪胎開始打滑則利用手剎車
B 0 儘量利用高檔低速行駛
C 0 反覆輕踩剎車
D 0 始終以低檔行駛

問題 16
行駛在冰凍的路況時，在急轉彎處你應做哪三項事？

選出三個正確的答案
A 0 始終踩下你的離合器
B 0 輕拉手剎車
C 0 避免突改方向的駕駛行為
D 0 急轉彎時踩油門加速
E 0 儘量以越高的檔數駕駛轉彎
F 0 在到達彎處前減低車速

第四部分 – 安全界限

問題 17

在一條溼滑的路上左轉，但你車的後半部卻向右滑行。你應

選出一個正確的答案

A O 踩穩剎車並不動方向盤

B ● 小心開到右邊的方向

C O 踩穩離合器及剎車

D O 只能轉到左邊

解釋 17

轉彎時若你車的後半部滑向路的一方。你應小心的把方向盤轉向與後半部滑行的相同方向。這可停止車輛繼續滑行並讓你重獲控制。不要

- 踩油門
- 踩剎車
- 踩離合器

問題 18

你在潮溼路面剎車，但車輛開始滑行。第一件應做的事是

選出一個正確的答案

A ● 完全放鬆剎車　　为什么？√

B O 很快的拉上手剎車

C O 重踩剎車腳踏板

D O 把腳踩在離合器踏板上

解釋 18

解決車輛滑行的情況要比進入滑行的情況困難許多。預防總勝於治療，對天氣和路況都要有所警覺。切勿開快車以免你無法在視線清楚的距離內停止車輛。

問題 19

如何分辨你正駕駛通過積有污雪結冰的路面？

選出一個正確的答案

A O 雪比較容易破散

B O 車胎發出的聲音會較大

C ● 感覺方向盤變輕

D O 你會看見路面污雪結冰的狀況

解釋 19

有時你會看不見路面結冰的狀況。結冰的污雪使得路面看起來潮溼。駕駛通過積有污雪結冰的路面的徵兆為

- 感覺方向盤變輕
- 車胎發出的聲音會突然變得很安靜

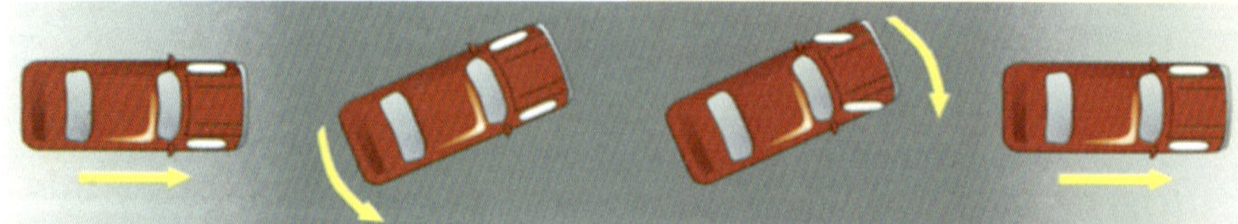

駕駛人將車駛向右方　　車尾向右方滑行

問題 20

車輛不用動力而自斜坡向下滑行時會

選出一個正確的答案

A ● 減低駕駛人的控制力
B 0 增加駕駛人的控制力
C 0 比較容易操縱駕駛
D 0 使用較多的汽油

解釋 20

"車輛不用動力而自斜坡向下滑"意為踩下離合器踏板並且無控制的隨意滑行。這會減低駕駛人的控制力。當你滑行時，引擎不但無法控制車輪，也無法控制車輛本身。

問題 21

在下雪天行駛，最好是將排檔留在較高的排檔數。因為

選出一個正確的答案

A 0 把較低檔數留在須要防止車輪打滑時使用
B 0 這樣若有一個車輪打滑也不致招使引擎運轉太快
C 0 當你剎車時可以幫助你迅速的減緩速度
D ● 可以幫助你防止車輪打滑

解釋 21

如果可能，最好是將排檔留在較高的排檔數。這樣會減少施放到車輪上的馬力並減少車輛滑行的機率。

問題 22

白天行駛在有霧的天氣中，你應使用

選出一個正確的答案

A 0 危險警示燈號
B 0 遠光燈
C ● 近光燈
D 0 汽車的邊燈

解釋 22

如果可見視線在100公尺(330呎)之內，使用霧燈及車尾的強度燈光。

問題 23
你在一個視線有限的路口，應該

選出一個正確的答案
A ● 移前一吋以探視兩方道路
B 0 移前一吋以探視右方道路
C 0 移前一吋以探視左方道路
D 0 預備好要很快的移動行駛

解釋 23
只有在安全時才可以轉進行駛。不要
- 心存僥倖而快速開出
- 只探視其中一方道路

問題 24
在炎熱的天氣狀況下，路面會變軟，以下哪二項最會受到影響？

選出二個正確的答案
A 0 緩衝系統
B ● 駕駛操縱
C 0 汽車擋風玻璃
D ● 剎車功能

解釋 24
當剎車或轉彎時要小心。車輪在柔軟柏油路面的抓地力並不好。

問題 25
在怎樣的地方你最容易受到橫吹風向的影響？

選出一個正確的答案
A 0 在狹窄的鄉村道路上
B ● 在空曠的延伸道路上
C 0 在繁忙的延伸道路上
D 0 在長直的道路上

問題 26
在風大的路況開車，你必須在做何事時特別小心？

選出一個正確的答案
A ● 超越單車及機車騎士
B 0 使用剎車
C 0 在上坡路開動車輛
D 0 轉進狹窄道路

問題 27
你將要行駛下一段很陡的坡路。為要控制車速，你應

選出一個正確的答案
A 0 選定高速檔並小心使用剎車
B 0 選定高速檔並踩穩剎車
C ● 選定低速檔並小心使用剎車
D 0 選定低速檔並避免使用剎車

解釋 27
要保持控制，防止車輛失速滑行。
- 選定低速檔，引擎可幫助你控制速度
- 小心使用剎車

問題 28
你希望在面對下坡的路旁停車。你需做哪三件事？

選出三個正確的答案
A ● 將由方向盤控制的車輪轉向靠近人行道的路邊
B ● 將手剎車拉上
C 0 停靠近另一部車輛的汽車保險槓
D ● 將排檔器打至倒車檔
E 0 把兩個車輪停在人行道上

為什麼?

解釋 28
如果你希望在坡地停車，你必需確定車輛不會滑行。

問題 29

你行駛在住宅區，正要跨越一個設置在地面上的車速限制阻礙物。你應

選出一個正確的答案

A ● 減至最低車速
B 0 移到左邊的道路行駛
C 0 等待任何的行人穿越道路
D 0 停止並觀察兩邊的人行道

解釋 29

許多市鎮道路通常在行人多的地方設有地面上的車速限制阻礙物以減低車速。

問題 30

當接近右方彎路你應靠左行駛的理由是

選出一個正確的答案

A 0 平衡彎路所造成的傾斜度
B 0 讓後方的快速行駛車輛超車
C 0 如果車輛滑行，可以處在安全的位置
D ● 改善你的路況視線範圍

解釋 30

不要

- 移到右方直行以避免彎路行駛。你會因太靠近對方來車而造成對自身的危險。
- 行駛跨越或跨在白色的實心中央線道上
- 車速太快，你會無法在視線範圍之內停止你的車輛。

第五部分
危險察覺意識

這部分專注於判決力和危險領悟力

你會被問及有關以下的問題

預期能力

危險察覺意識

注意力

速度與距離

反應時間

酒精與藥物的影響

疲倦感

第五部分 – 危險察覺意識

問題 1

在以下圖中所顯示的主要危險為

選出一個正確的答案

A O 汽車右轉
B ● 單車騎士穿越道路
C O 汽車迴車中
D O 轉角附近停有車輛

解釋 1

在這部分的有些問題會有圖案顯示。仔細研讀圖案，並試著想像自己身處其中。

在這圖中的單車騎士沒有在正確的地方穿越道路。你必需要有能力應付任何意外情形的發生，尤其是你在計劃迫近危險的路口時。

問題 2

哪一個道路使用者造成一項危險？

選出一個正確的答案

A ● 停駐的車輛(箭頭A)
B O 等著過馬路的行人(箭頭B)
C O 行駛中的車輛(箭頭C)
D O 轉彎中的車輛(箭頭D)

解釋 2

這部車停在行人穿越道邊畫有鋸齒狀白線的地面上。不要停在這類的路邊。在此停車會

- 擋住要跨越道路的行人的視線
- 擋住迫近行人穿越道的車輛駕駛人的視線

問題 3
在裝有交通號誌的行人穿越道上的車輛應該如何才對？

選出一個正確的答案
A 0 靠近在前方的車輛
B 0 將危險警示燈號打上
C 0 在鋸齒狀的地面畫線前等待
D ● 在冗長的交通車隊間留出空間

解釋 3
如果你行駛在慢速行進的車道上，不要直接停在行人穿越道上。

問題 4
行駛白色車輛的駕駛人應該如何？

選出一個正確的答案
A ● 慢慢的行駛
B 0 停車並讓行人跨越
C 0 揮手叫行人退回原處
D 0 只有在後面有車時才停止

解釋 4
不要打燈號或揮手叫行人穿越道路。別的駕駛人可能沒有看見你的訊號，而使得行人陷入危險的狀態。

問題 5
靠近行人穿越道的汽車駕駛人應該如何？

解釋 5
你所行駛的車速應要有充分的時間讓你觀察照後鏡，減速和停車。你不應該需要重踩剎車。

選出一個正確的答案
A O 快速的開過
B ● 減緩車速並準備停車
C O 按喇叭
D O 用相同速度繼續行駛

問題 6
駕駛紅色車輛的駕駛人應該如何？

解釋 6
某些人需要較長的時間跨越道路，例如老年人或殘障者。要有耐心，不要催促。他們的視力可能較差或無法聽見車輛接近的聲音。

選出一個正確的答案
A O 向等著過馬路的行人揮手
B ● 等待在馬路上的行人通過
C O 快速的行駛在馬路上的行人的後方
D O 告訴在馬路上的行人，她不應該跨越

問題 7

駕駛灰色車輛的駕駛人應特別注意到哪三件事？

選出三個正確的答案

A 0 不平坦的路面狀況
B ● 停駐車輛的車門打開著
C ● 車輛從停車位中開出
D 0 空著的停車位
E ● 從停駐車輛間穿出的行人
F 0 在灰色車輛後面的其他車輛

問題 8

紅色車輛(箭頭所指)的駕駛人應該如何？

選出一個正確的答案

A 0 揮手叫白車的駕駛人行進
B 0 由縫隙間擠過
C 0 按喇叭知會其他駕駛人他的所在處
D ● 等到擋路的車輛移開

解釋 7

駕駛或騎乘的速度應讓你有充分時間因突發危險而安全的停車。危險可在任何時候發生。

解釋 8

如行駛在行進緩慢的路上不要阻擋在路口或阻礙其他車輛的行進。不要

- 強迫其他駕駛人讓路給你
- 按喇叭以取得通行的優先權
- 閃示燈號以取得或讓予通行的優先權
- 給予其他駕駛人易會錯意的訊號

問題 9

灰色車輛(箭頭所指)的駕駛人應該如何?

選出一個正確的答案

A O 從畫有黃線方塊的路口倒車
B ● 如路況清楚無車則跨越行進
C O 等在原地直到綠燈亮起
D O 在原地直到紅燈亮起時跨越行進

解釋 9

路口畫有黃線方塊的作用在於防止交通繁忙的路口變成阻塞。不要駛入方塊中除非你要轉進行駛的路線前方沒有塞車。

如果你要行駛的路線前方沒有車但對方來車很多而無法右轉時，
可在黃線方塊中等待右轉。

問題 10

汽車駕駛人在駛近鐵路平交道時應

選出一個正確的答案

A O 快速的開過
B O 小心的開過
C ● 在柵欄前停車
D O 閃示危險警示燈號

解釋 10

接近或跨越鐵路平交道時要小心。

不要

- 在柵欄放下時搶先通過
- 行駛到平交道上，除非你前方的路上沒車
- 和車輛之間距離太近
- 停在平交道上面

問題 11

當行駛在這條路上時，應注意到哪二項主要危險？

選出二個正確的答案

A ○ 太陽的眩光
B ○ 缺少路面的劃線標誌
C ● 突然打開的車門
D ● 從車輛間跑出的兒童
E ○ 停駐車輛的車燈仍亮著
F ○ 大型貨車

解釋 11

如果路很窄如圖中所示，你需要很小心的看路。這會幫你對來車做安全的反應。

問題 12

當行駛在這個單車騎士後面時，駕駛人應注意哪一項主要危險？

選出一個正確的答案

A ○ 單車騎士可能在路尾時右轉
B ○ 單車騎士車上所載的東西可能會掉到路上
C ○ 單車騎士可能移到左邊的空間並下車
D ● 單車騎士可能突然改變騎行的方向到路中

解釋 12

行駛在單車騎士後面時要意識到他們也需注意自己四週的危險狀況。他們可能會搖晃或偏歪騎行的方向以避免路上的坑洞，或因看見有發生危險的可能突然改變方向。

問題 13

哪一部車的駕駛造成了危險？

選出一個正確的答案

A ● A車
B 0 B車
C 0 C車
D 0 D車

解釋 13

A車駕駛強迫接近的車輛開到右方劃有斜線的地區，這會阻礙其他駕駛人加入主道路時的視線。
當在繁忙的路口行進時，試著也為其他人著想，不要造成危險。

問題 14

哪一項主要危險是紅車駕駛人最應注意到的？

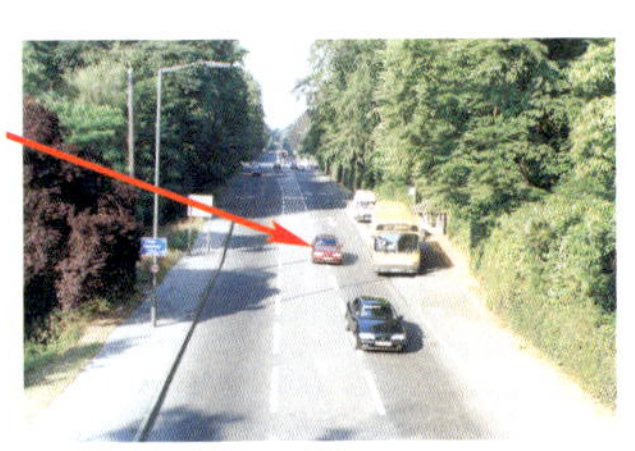

選出一個正確的答案

A 0 太陽的眩光會影響駕駛人的視線
B ● 公共汽車可能會開出到路中
C 0 黑色車輛可能會突然停止
D 0 對方來車可能會假設駕駛人要右轉

解釋 14

紅車駕駛人應意識到停在公車站上的公共汽車，應有心理準備讓路予公車。

第五部分 - 危險察覺意識

問題 15

在繁忙的高速公路上，後車離你很近。你應如何減低車禍的可能性？

選出一個正確的答案

A ○ 輕踏剎車
B ● 增加你與前車的距離
C ○ 顯示危險警示燈
D ○ 開到路肩上並停車

解釋 15

不要距離前車太近。如果有車從後迫近，輕放油門踏板以增加你與前車的距離，這會減少連環車禍的可能性。

問題 16

要合乎駕駛標準，你必須要能夠從多遠處讀車牌號碼？

選出一個正確的答案

A ● 20.5公尺(67呎)
B ○ 10公尺(33呎)
C ○ 15公尺(49呎)
D ○ 205公尺(673呎)

解釋 16

這項法令規定旨在確保你能看見在你四周的路況。

問題 17
如果你需要戴眼鏡才能讀清車牌號碼。你在什麼情況下開車時也必須戴眼鏡？

選出一個正確的答案
A 0 只有在壞天氣時
B 0 只有在你想是必要時
C 0 在所有開車的情形下
D 0 只有在光線不足或晚間

問題 18
以下哪三項是由酒後駕車所造成？

選出三個正確的答案
A 0 控制力較低
B 0 自信心的假象
C 0 對危險的較大警覺性
D 0 反應較快
E 0 減低對車速的判決力

解釋 18
酒精會減低你的安全駕駛能力。
酒精會
- 減低協調能力
- 減慢反應
- 減低對車速的判決力
- 增加假象的自信心
- 減低注意力

問題 19
駕車時，血液中的最高法定容許酒精含量為何？

選出一個正確的答案
A 0 每100毫升90毫克
B 0 每100毫升80毫克
C 0 每100毫升50毫克
D 0 每100毫升60毫克

解釋 19
如果你要外出並打算駕車，最安全的選擇是滴酒不沾。如果要喝酒就應避免駕車。

問題 20
以下哪一項不受酒精影響？

選出一個正確的答案
A 0 協調能力
B 0 反應時間
C 0 對速度的判決力
D 0 對顏色的領悟能力

問題 21
對一個在宴會上喝了數杯酒的駕駛人，你會有何勸告？

選出一個正確的答案
A 0 先喝杯濃咖啡再開車回家
B 0 乘公眾交通工具回家
C 0 小心的和慢慢的把車開回家
D 0 先等一陣子再開車回家

解釋 21
酒精會留在身體內一段時間後才消退，因此喝濃咖啡或先等一陣子再開車並不會造成任何的不同。

問題 22
一個參加社交宴會場合的駕駛人。他應事前做何防備？

選出一個正確的答案
A 0 避免空腹飲酒
B 0 飲酒後避免在忙碌的道路上行駛
C 0 酒後要喝充分的咖啡
D 0 完全避免飲酒

問題 23

當你要開車卻覺身體不適時。你應

選出一個正確的答案

A ⬮ 不開車
B 0 開車前服用適合的藥物
C 0 如果可能，減短車程
D 0 答應自己晚上早些上床休息

解釋 23

身體健康對開車駕駛是非常重要的。身體不適開車會減低你的判決力。

問題 24

你的醫生給你一份持續數天份量的藥物，為何應問是否你仍可駕車？

選出一個正確的答案

A 0 所服用的藥物會影響視覺
B ⬮ 某些藥物會減慢你的反應
C 0 藥物會使你成為較好的駕駛人
D 0 你必須要讓保險公司知道

解釋 24

養成總是在服用藥物前檢視藥物標示說明的習慣。藥物可能會影響駕駛能力。

問題 25

你不確定所服用的咳嗽藥是否會影響駕駛，你應做哪二件事？

選出二個正確的答案

A ⬮ 問你的醫生
B 0 如果覺得舒服就可開車
C ⬮ 檢視藥品標示說明標籤
D 0 詢問親友的建議

問題 26
你所服用的藥物可能會影響駕駛能力，你應如何？

選出一個正確的答案
A 0 將駕駛減至最低的必要行程駕駛
B 0 開車前尋求醫師的建議
C 0 只在持有正式駕照者的陪同下開車
D 0 只開短距離

問題 27
如果覺得疲倦，你最好是儘早找個地方停車。但直到停車之前你應

選出一個正確的答案
A 0 時常改變車速以增加注意力的集中
B 0 輕拍方向盤
C 0 增加車速以找地方停車
D 0 確定車內有充足的新鮮空氣

解釋 27
確定行駛的車內有充足的新鮮空氣。空氣不流通的車內會使你昏昏欲睡，減低你的判決領悟能力。

問題 28
如果在行程中覺得疲倦，你應

選出一個正確的答案
A 0 停車小睡片刻或喝杯咖啡
B 0 停車並吃一頓大餐
C 0 立即停車並做深呼吸
D 0 駕完全程，然後睡個好覺

解釋 28
行程中覺得疲倦，停車並休息片刻。直到精神恢復後再上路。

問題 29
行駛在高速公路上時如果覺得疲倦，你應

選出一個正確的答案
A 0 慢速繼續行駛
B 0 在下個交流道口下高速公路
C 0 儘快駛完全程
D 0 停在路肩上

問題 30
你打算長途駕駛，哪三件事會使行程安全些？

選出三個正確的答案
A 0 避免行駛高速公路
B 0 慢慢的開車
C 0 避免在夜間行駛
D 0 確定車內有充分的新鮮空氣
E 0 時時停車，飲用點心及飲料提神

解釋 30
若不警醒，你的判決與領悟能力都會受到影響。疲倦駕駛不但造成對自身的危險，也會對你的乘客及其他道路使用者造成危險。

問題 31
行程中你應每隔多久停車休息一次？

選出一個正確的答案
A 0 需要加油時
B 0 至少每隔四小時
C 0 至少每隔二小時
D 0 當你需要進食時

問題 32
以下哪三件事最容易使你在駕駛時分心？

選出三個正確的答案
A 0 看地圖
B 0 聆聽大聲的音樂
C 0 使用車窗清洗控制
D 0 使用手提電話
E 0 看車邊的照後鏡

解釋 32
駕駛時絕不能讓任何事減低你的注意力。

問題 33
一輛車由前面的支線道路轉入你的車前行駛，你為此而重踩剎車。你應

選出一個正確的答案
A 0 儘快超車
B 0 按喇叭以示你的不滿
C 0 不理睬他的錯誤並保持鎮定
D 0 閃示你的車燈以示不滿

解釋 33
有時別的駕駛會做出錯誤的判決而犯錯誤。如果這種情況發生，別讓它煩惱你。不要為此而生氣。閃燈號、按喇叭或喊罵都無助於情形的改善。良好的預期能力會防止意外轉成車禍。

第六部分
易受傷害的道路使用者

這部分專注於與易受傷害的道路使用者共同使用道路時的安全問題

你會被問及有關以下的問題

行人

單車騎士

兒童

機車騎士

老年駕駛人

動物

殘障人仕

新任駕駛人

第六部分 － 易受傷害的道路使用者

問題 1

行駛在鄉村道路上，你應有心理準備會看見什麼使用在你這邊的道路向你前來？

選出一個正確的答案

A 0 馬匹騎士
B 0 單車騎士
C 0 機車騎士
D 0 行人

解釋 1

行駛在安靜的鄉村道路上，總要小心前面的彎路上可能有危險，例如慢行的車輛或行人。路旁沒有人行道時，行人可能會走在你這邊的路上。

問題 2

哪個訊號顯示可能有行人在路旁行走？

選出一個正確的答案

A 0 

B 0 

C 0 

D 0 

解釋 2

有許多訊號意味"行人"，學習每個訊號的意義。這會幫助你警覺到可能的危險。

問題 3

你要左轉進入支線道路，有行人在靠近路口的地方跨越。你應

選出一個正確的答案

A O 揮手示意他們通過
B ● 等待他們通過
C O 按喇叭
D O 閃示你的危險警示燈號

解釋 3

你要左轉進入支線道路，有行人在靠近路口的地方你應讓路。

要有體諒心但不要揮手或打訊號叫他們通過。

問題 4

你正要倒車進入支線道路時，有行人想在你的車後跨越道路。你應

選出一個正確的答案

A O 在行人開始跨越前倒車
B O 揮手叫行人跨越
C O 揮手叫行人停止跨越
D ● 讓路給行人

問題 5

你想從路口右轉但視線被停駐的車輛擋住，你應

選出一個正確的答案

A 0 很快的開出但隨時準備停車
B ● 停止，然後慢慢向前移動直到你可看清路況為止
C 0 按喇叭，如果沒有反應就開出
D 0 停止，下車並檢視主車道上的路況

問題 6

在哪三個地方停車會造成危險或阻礙其他駕駛人的視線？

選出三個正確的答案

A ● 在建築物的出入口
B 0 在你宅前的停車道上
C ● 在公車站牌旁或附近
D ● 在靠近鐵路平交道的地方
E 0 在劃線的停車位

問題 7

當停車時，你**絕對不可**

選出一個正確的答案

A 0 將車的邊燈開著
B 0 將排檔器打入檔
C ● 阻礙其他的道路使用者
D 0 停在主要道路旁

解釋 5

若想從路口右轉但視線有限–***停車***，你應慢慢向前移動直到你可看清路況為止，路上可能有其他的車輛或行人迫近。

如果不知路況就不要前行。

問題 8

當靠近劃有鋸齒狀線條的斑馬線時你絕不可在劃線範圍內做哪**二件**事？

選出二個正確的答案

A 0 超車
B 0 停車
C 0 越過所劃的界線
D 0 行速超過每小時10英里

解釋 8

在靠近劃有鋸齒狀線條的斑馬線停車會造成

- 阻擋欲穿越道路之行人的視線
- 阻擋其他駕駛人或騎士的視線

在靠近行人穿越道時不要超車，行人可能看不到你從暫停讓路的領頭車輛後超出。

問題 9

什麼時候可以停在行人穿越道上？

選出一個正確的答案

A 0 在晚間11點到早晨7點之間
B 0 當前面的車輛阻塞排長龍時
C 0 避免車禍時
D 0 絕不可以

解釋 9

不要直接停在行人穿越道上。如果行駛在緩慢的車隊中，試著測量車輛行進速度以預留空間讓行人安全穿越。

問題 10
在以下圖中，哪一項危險是你最應注意到的？

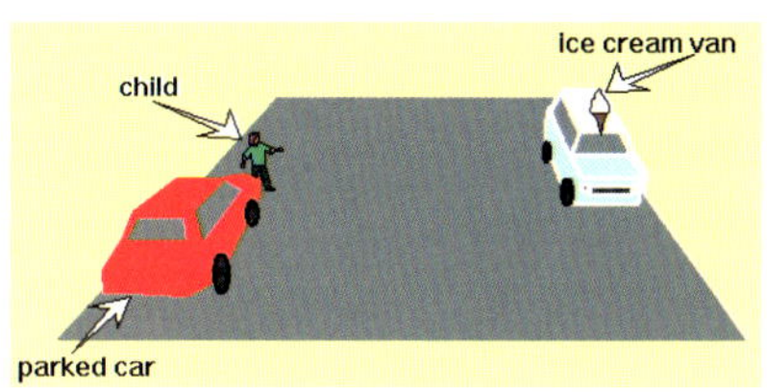

選出一個正確的答案
A 0 在左邊的車輛可能會開走
B 0 冰淇淋販賣車的司機可能會下車
C 0 冰淇淋販賣車可能會開走
D 0 小孩可能會跑到路上

解釋 10
在有兒童的地方，行駛車輛要特別小心。

問題 11
你正開車經過一列停駐的車輛，並注意到有顆球掉在前面的路上。你應如何？

選出一個正確的答案
A 0 停車並揮手叫孩童們去撿球
B 0 保持車速行進並閃示前車燈
C 0 保持車速行進並按喇叭
D 0 減慢車速並有心理準備為孩童們停車

解釋 11
注意在街上玩耍及跑到街道上的兒童們。如果看見有球掉到路上時，減速並停車。不要鼓勵任何人去撿球。其他駕駛人可能沒有看見你的訊號，這會使得前往撿球的人遭受危險。

問題 12
這個標誌警告你要注意什麼？

選出一個正確的答案
A 0 一個公園
B ● 上下學的孩童
C 0 一個行人穿越道
D 0 一個學校指派的交通行路督察員

問題 13
一個學校指派的交通行路督察員會如何要求你暫停車輛？

選出一個正確的答案
A ● 顯示一個停止行進的標示牌
B 0 指著在對面人行道上等待穿越道路的兒童
C 0 顯示紅燈
D 0 向你作手勢

解釋 13
若有人使用一個學校專用的停止行進標示牌，你必須停車。
不要
- 揮手叫任何人跨越馬路
- 不耐煩或加重引擎聲

問題 14

一個學校指派的交通行路督察員顯示一個"停止，兒童"的標示牌，你必須如何？

選出一個正確的答案

A O 只有在有孩童跨越時才停止

B O 減速並準備停車

C ● 總是停車

D O 如果安全就繼續行駛

問題 15

你行駛在一輛由老年人駕駛的車輛前方，你應

選出一個正確的答案

A O 預期那老年駕駛人的技術很差

B ● 意識到那駕駛人的反應可能沒有你快

C O 閃示你的車燈並超車

D O 小心並很近的行駛在他車輛的後方

解釋 15

你必須為其他道路使用者著想。他們的反應可能比較慢，面臨狀況時可能須要多些時間來處理，不要失去耐心或顯得惱怒。

問題 16
你看到一個攜用白色枴杖的行人。這表示此人為

選出一個正確的答案
A 0 殘障者
B ● 眼盲者
C 0 耳聾者
D 0 老年人

解釋 16
如果你看到一個攜用白色枴杖的行人，這表示此人為眼盲者或只有部分的視力。給予多些時間讓他們通過人行道或路口。

問題 17
你看到一個行人攜用有兩條紅色反光條紋的白色枴杖。這表示

選出一個正確的答案
A 0 此人為又盲又啞
B 0 此人為又聾又啞
C ● 此人為又聾又盲
D 0 此人為肢體殘障

問題 18
你行駛在單車騎士的後方，你想在前面的路口左轉。你應

選出一個正確的答案
A 0 在到路口前超越單車
B ● 保持在後直到單車通過路口
C 0 與單車併行直到通過路口
D 0 在路口繞過單車

解釋 18
如你行駛在單車騎士的後方，要意識到他們也須避免危險。他們可能會偏歪到一旁或改變方向以避免不平的路面狀況。

問題 19
你絕不可在哪種情況下超越單車騎士？

選出一個正確的答案
A 0 在你將要左轉前
B 0 在你將要右轉前
C 0 在單向行駛的道路
D 0 在雙車線道路上

解釋 19
若你要左轉而有單車在前時，應保持在其後方。等單車騎士通過路口之後再從其後方左轉。

問題 20
你正迫近一個圓環，一個單車騎士示意右轉。你應如何？

選出一個正確的答案
A 0 示意單車騎士移到路的另一邊
B 0 按喇叭警示
C 0 留給單車騎士充分的空間
D 0 從右邊超車

問題 21
你行駛在兩個單車騎士後方。他們在靠左邊的道路上接近圓環時，你應預期他們的騎行方向為？

選出一個正確的答案
A 0 左邊
B 0 任何方向
C 0 右邊
D 0 直行

解釋 21
在圓環上若行駛在單車後方時，要注意單車的騎行方向可能與你所想的不同。

問題 22

你正行近圓環，並看見單車騎士示意右轉。為什麼他卻靠左行進？

選出一個正確的答案

A ○ 因為單車騎士認為"道路使用規則"的規定不適用於單車

B ○ 因單車騎士改變主意要左轉

C ○ 因為這是比較快捷的路徑

D ● 因單車速度較慢並易受傷害

解釋 22

有些騎士可能對橫跨至外側車道右轉的方式感覺不安。所以要明白他們的心態並注意他們可能要右轉。

問題 23

為何在超越單車騎士時應像超越車輛時留予充分的空間？

選出一個正確的答案

A ● 單車騎士的騎行可能會歪向一邊

B ○ 單車騎士可能會改變騎行的車道

C ○ 單車騎士可能會下車

D ○ 單車騎士可能會右轉

解釋 23

在安全的地方超越並應像超越車輛時留予充分的空間。不要急著切入或留予太少的空間。

問題 24

為何在風大的天氣時超越機車騎士需比平時多留空間？

選出一個正確的答案

A ● 機車騎士可能會被強風吹得橫跨到你車前

B ○ 機車騎士可能會突然轉彎以避免強風

C ○ 機車騎士可能會突然停車

D ○ 機車騎士可能會騎得比平常快

解釋 24

在風大的天氣要小心機車可能因風而歪向一旁或搖晃。

問題 25

你正等著從支線道路開出。為何你應小心的注意機車騎士？

選出一個正確的答案

A ○ 機車有行駛的權利

B ○ 巡邏警察時常使用機車

C ● 機車的體積小，不易看見

D ○ 機車速度比汽車快

解釋 25

如果有停駐的車輛阻擋你的視線，你則要格外地小心。可能有機車騎士在附近。

問題 26

在市鎮中開車，在路的另一邊有公共汽車停在公車站上。為何你要小心？

選出一個正確的答案

A ○ 公車可能會停留在那裡

B ○ 公車可能會突然開出

C ○ 公車可能拋錨了

D ● 行人可能會從公車後方出現

解釋 26

看見停行的公車時要小心，可能會有行人從公車的後方出現。

第六部分 - 易受傷害的道路使用者

問題 27
當經過在路上的羊時，你應做哪三件事？

選出三個正確的答案
A ⬮ 留充分的空間
B ⬮ 慢慢的行駛
C ⬮ 準備隨時停車
D 0 快速但安靜的經過
E 0 簡短的按聲喇叭

解釋 27
當你看見前方路上有動物時，減緩車速並準備隨時停車。動物很易受到驚嚇，例如
- 聲音
- 經過的車輛太靠近牠們

如果有動物的主理人向你示意停車，則停車。如果動物跨越的所需時間很長，則關閉引擎。

問題 28
你應如何超越騎乘馬匹的騎士？

選出一個正確的答案
A 0 靠近馬匹行駛並儘早超車
B ⬮ 慢慢行駛並留出充分的空間
C 0 速度並不重要但留出充分的空間
D 0 按一聲喇叭以警示馬匹騎士

問題 29
當經過動物時，你不應

選出一個正確的答案

A 0 有任何的車燈亮著
B 0 使用方向指示燈
C 0 排換至較低的檔數
D ⬮ 加重引擎聲或按喇叭

解釋 29
當行駛時，你必須總是看清前方的路況，並隨時準備處理緊急情況的發生。如果看見前方有一群騎馬的人，尤其是兒童騎士，要特別小心。騎乘馬匹的人可能是學習者，可能無法在馬匹受驚時對其做有效的控制。
靠近時應
- 慢慢的和安靜的
- 不要加重引擎聲
- 不要按喇叭

在安全的地方超越並留充分的空間。

問題 30

你在開車時可能會看到一群騎術學校的馬匹和騎士。為何你須特別小心？

選出一個正確的答案

A 0 他們可能排成一直線向前行
B ● 其中許多騎士可能是學習者
C 0 他們的動作會很慢
D 0 因為是在一起的一群，馬匹們比較容易緊張

問題 31

你正行駛在狹窄的鄉村道上。你會發現在什麼情形下你最難看見在你前方路上的馬匹和騎士？

選出一個正確的答案

A 0 當行駛下坡路時
B 0 當行駛上坡路時
C ● 在向左的彎路上
D 0 在向右的彎路上

問題 32

一個馬匹騎士在靠左邊的道路上接近圓環時，你應預期他的騎行方向為？

選出一個正確的答案

A 0 右轉
B ● 任何方向
C 0 左轉
D 0 直走

解釋 32

馬匹和騎士的速度會比其他道路使用者來得慢。他們可能沒有足夠時間穿過繁多的車輛到離路旁較遠的車道，因此即使是要右轉，
馬匹騎士可能會利用左邊的車道行進。

問題 33
一個馬匹騎士通過圓環時，他會將馬騎在哪一個車道？

選出一個正確的答案
A 0 右邊
B ● 左邊
C 0 中央
D 0 在中央和右邊之間

問題 34
哪一個年齡族群的人最有可能牽涉車禍？

選出一個正確的答案
A 0 36歲到45歲之間
B ● 17歲到25歲之間
C 0 55歲及以上
D 0 46歲到55歲之間

解釋 34
根據統計數字顯示，年介17歲到25歲之間的人最有可能涉及車禍。發生車禍的原因很多，但最普遍的原因在於駕駛人的錯誤。

問題 35
造成車禍最普遍的原因為

選出一個正確的答案
A 0 機件故障
B 0 路面狀況
C ● 駕駛人的錯誤
D 0 天氣狀況

解釋 35
注意在以下各狀況你要停車所需的距離
- 在好的路況時
- 在潮濕或結冰的路況
- 當你疲倦時
- 當你精神不集中或注意力分散時(你的思考距離會增加)

第六部分 － 易受傷害的道路使用者

問題 36
你剛通過你的駕駛測驗。與其他駕駛人相比較，你涉入車禍的機率如何？

選出一個正確的答案
A 0 依你的年齡而有不同
B 0 比較不可能
C 0 差不多
D 0 比較有可能

解釋 36
當你通過實際的駕駛測驗時你證明自己可以安全的行駛車輛或機車而無須他人的指導。經驗的增加會幫助你成為一個好駕駛。

問題 37
身為一個新駕駛，你如何減低在高速公路上發生車禍的機率？

選出一個正確的答案
A 0 保持車速以跟上前車
B 0 接受進一步的訓練
C 0 絕不超過45英里的時速
D 0 只開在靠近路邊的車道上

解釋 37
你最有可能在通過測驗後的第一年內發生車禍。經驗的不足意味著你可能無法像有經驗的駕駛人一樣對危險做出快速的反應。
接受進一步的訓練會有助你在路上行駛的安全。

問題 38
你以時速40英里的車速撞倒一個行人。這個行人

選出一個正確的答案
A 0 絕對會被撞死
B 0 可能會被撞死
C 0 絕對會存活
D 0 可能會存活

第七部分
其他種類的車輛

這部分專注於與其他種類車輛共同使用道路時的安全問題

你會被問及有關以下的問題

機車

卡車

公共汽車

第七部分 – 其他種類的車輛

問題 1

路況是溼的。為何機車騎士可能會在彎曲的路上騎車繞過在地面的下水道頂蓋？

選出一個正確的答案

A 0 避免車輪被下水道頂蓋的邊緣刺破

B 0 避免機車在下水道鐵頂蓋上滑倒

C 0 以下水道頂蓋為定點來判定路的彎曲程度

D 0 避免濺溼在路旁的行人

解釋 1

其他駕駛人可能因其車輛的大小或特點的不同而作不同的反應。如果你能明白這點，就會有助於預期他們的反應。

問題 2

機車騎士比汽車駕駛人易受傷害的原因為

選出一個正確的答案

A 0 較會受到路面狀況改變的影響

B 0 行車速度較快

C 0 轉彎的車速較快

D 0 加油門的速度比車快

解釋 2

機車騎士比其他車輛易受風吹的影響。保持安全距離以防機車騎士被風吹離車道。

問題 3

風非常大，你行駛在一部機車後方而機車正在超越一輛高邊貨車。你應如何？

選出一個正確的答案

A 0 靠近機車行駛

B 0 與機車平行駕駛

C 0 立即超越機車

D 0 留在後方，保持安全距離

問題 4

你正跟在一部大型掛接拖車後方。而這部車將要左轉進入一條窄路。你應採取什麼行動？

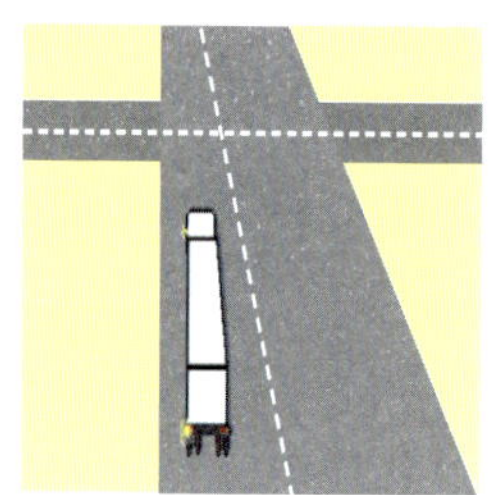

選出一個正確的答案

A 0 準備在這部車的後方停止
B 0 移出這部車的後方並由這車與對方來車之間超越
C 0 當這部車移至路中準備左轉時由其左邊通過
D 0 在這部車移至路中準備左轉前超車

問題 5

你行駛在一輛長型貨櫃車的後方。在靠近十字路口時，這部車顯示左轉的燈號但卻移向右邊。你應

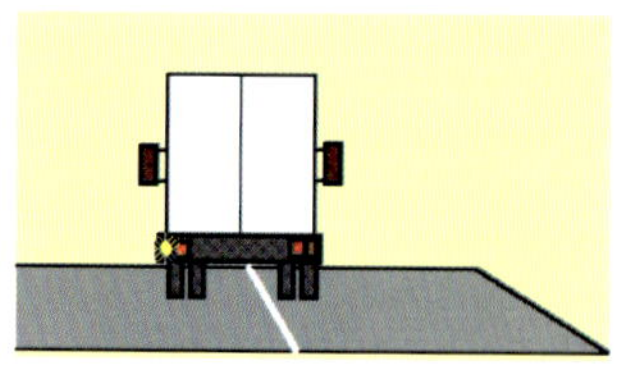

選出一個正確的答案

A 0 靠近它以便快速的超越
B 0 假設燈號錯誤其實要右轉
C 0 保持距離留予空間
D 0 當它開始減速時便超車

解釋 4

要左轉的大卡車可能會移出至右方再轉彎。原因在於避免將後輪撞及或駛上人行道。如果此時看到左邊有空間，不要強行駛過。

第七部分 – 其他種類的車輛

問題 6

你正駛近一個小型圓環。在前方的長型貨櫃車顯示左轉燈號但卻往右移。你應

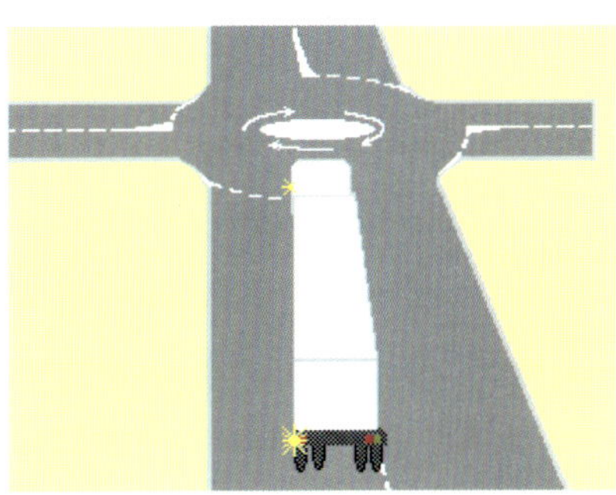

選出一個正確的答案

A 0 按喇叭
B 0 保持距離
C 0 從左邊超車
D 0 跟卡車走一樣的路徑

解釋 6

長型貨櫃車在小型圓環沒有多少轉移的空間。它得要向外移出許多才能安全的轉彎。

問題 7

為何在超越大卡車之前你應與其保持良好的距離？

選出一個正確的答案

A 0 以看清前面的路況
B 0 留出加速的空間以便在看不清前方的彎路上能快速的超車
C 0 留出空間以防卡車停止並向後滑行
D 0 留出空間給要超越你的其他車輛使用

解釋 7

當跟在大型車輛後行駛時要保持良好的距離。如果太靠近

- 你無法看清前方的路況
- 前車的駕駛人可能無法從他的照後鏡中看見你

問題 8

在繁忙的路上，你希望超越一輛行駛緩慢的長型貨車。你應

選出一個正確的答案

A ○ 留在後方，直到貨車駕駛人揮手叫你超越

B ● 保持良好距離，直到你可看清前方的路況

C ○ 閃示你的前車燈，叫對方來車讓路

D ○ 近跟在貨車後面，並不時移出以探視前方的路況

解釋 8

若你希望超越一輛長型貨車，你應保持良好距離，直到你可看清前方的路況。不要

- 近跟在貨車後面–你無法看清前方的路況
- 不耐煩–在繁忙的路上超車，須要有非常優良的判斷力
- 僥倖一試–只有在安全的狀況下才超車
- 閃示你的前車燈–這會誤導或疑惑其他的駕駛人
- 按喇叭

在每次超車前，先問自己是否真的需要超車。

問題 9

當你駛近一輛打燈號要從公車站上開出的公車時，你應

選出一個正確的答案

A ○ 在公車開出站前超越它

B ○ 靠近時向公車閃示車燈

C ● 如果安全許可，讓公車開出車站

D ○ 打左方向燈並揮手叫公車開出車站

解釋 9

如果安全許可，讓路給公車，尤其是打燈號要從公車站上開出的公車。注意下車的行人，他們可能會試著穿越馬路。不要

- 在公車開出前試著加速
- 閃示你的前車燈–這可能會誤導其他的道路使用者

問題 10

在哪三個地方，橫吹的強風會影響你的行駛方向？

選出三個正確的答案

A ○ 在市鎮中
B ● 在超越大型車輛之後
C ● 當經過樹籬間的空隙時
D ○ 在隧道中
E ● 在暴露，無遮物的路段上
F ○ 當經過停駐的車輛時

解釋 10

橫吹的風向會對某些車輛造成較大的影響。最易受影響的車輛種類為

- 高邊的車輛
- 掛接在汽車尾部的露營旅行車
- 機車
- 單車

明瞭哪一類車輛最易受影響是很重要的，你可因此而預料他們的反應。

問題 11

以下哪一類車輛最不易受到橫吹風向的影響？

選出一個正確的答案

A ○ 單車騎士
B ● 汽車
C ○ 機車騎士
D ○ 高邊貨櫃車

解釋 11

在以下地方，橫吹風向可能使你感到意外。

- 在超越大型車輛之後
- 經過樹籬或建築物間的空隙時
- 在暴露，無遮物的路段上

問題 12

你跟在一輛大卡車後方行駛在溼的路上。從路上濺起的水霧使得視線變得相當困難。你應

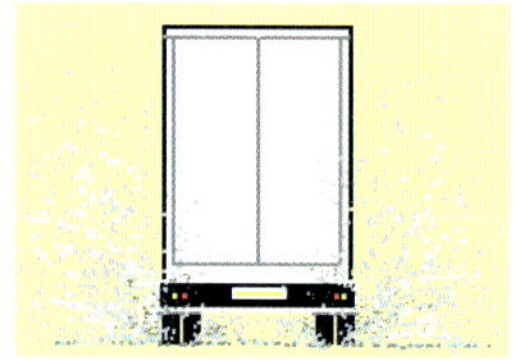

選出一個正確的答案

A 0 加速並趕快超車

B 0 近駛在卡車後以避免濺起的水霧

C 0 打上你的遠光燈

D 0 加長車間的距離直到你較可看清路況止

問題 13

你行駛在溼的高速公路上，水霧不時由路面濺起。你應

選出一個正確的答案

A 0 閃示你的危險警示燈號

B 0 使用你的近光燈

C 0 使用你的車尾霧燈

D 0 開到沒有任何車輛的車道

解釋 12

在溼路上，大型車輛駛過會濺起許多的水霧，這使得駕駛視線變得困難。將兩車間的距離加長會

- 使你遠離濺起的水霧，所以你較能看見路況
- 增加車輛間的距離。在溼路上停車的所需時間較長且需多留空間。

第八部分
車輛的操縱

這部分專注於在不同情況下操縱車輛的安全問題

你會被問及有關以下的問題

天氣狀況

路面狀況

一天中的時刻

速度

交通穩定

第八部分 – 車輛的操縱

問題 1

駕駛時你不應踩離合器過於實際所需時間的原因為

選出一個正確的答案

A 0 增加排檔齒輪箱的磨損
B 0 增加汽油的使用量
C 0 減少輪胎的抓地力
D 0 減少你對車輛的控制力

解釋 1

你必須隨時對你的車輛或機械有完全的控制能力。

踩離合器過於實際所需時間的情況就如同車輛不用動力而滑行。

車輛或機械不用動力而滑行會

- 使車輛或機械的滑行速度增加
- 減少你的剎車及操縱駕駛的控制能力
- 造成選擇正確排檔的困難

問題 2

哪三個主要原因說明了汽車不用動力而滑行下坡是錯誤的行為？

選出三個正確的答案

A 0 會很難將排檔器打入檔
B 0 減低剎車及操縱駕駛的控制
C 0 增加汽油的使用量
D 0 增加車胎的磨損
E 0 會破壞引擎
F 0 車輛的速度會加快

解釋 2

特別重要的是你不在下列地方不用動力而滑行車輛

- 路口
- 接近危險時
- 在彎路上

問題 3

為何汽車不用動力而滑行下坡是錯誤的行為？

選出一個正確的答案

A 0 會造成車輛滑行
B 0 沒有引擎的剎車能力
C 0 會使引擎熄火停止運轉
D 0 引擎會運轉得比較快

解釋 3

在適當的狀況下選擇正確的排檔數，這會給你所需的控制能力來應付危急的發生。

每次換檔時，你的車會有點滑行，這種情形是難免的，但應將其保持在最低點。

問題 4
哪三項會影響你的停車距離？

選出三個正確的答案
A ● 行駛的速度
B ● 車胎狀況
C ● 天氣
D ○ 一天中的時刻
E ○ 街燈的亮度

問題 5
你行駛在溼路上並與前車保持安全距離。另有一部車由你後方超越並介入你和前車間的距離。你應如何？

選出一個正確的答案
A ○ 閃示車燈警告他
B ○ 試著安全的超車
C ● 加長你與介入車輛間的所需安全距離
D ○ 靠近這部車的後方直到他開走為止

解釋 5
確保行駛的車速能讓你有充足的時間安全停車。如果有車介入你和前車間的距離，加長你與這部車間的安全距離。不要閃示車燈或靠近這部車的後方。

問題 6
你希望在雙線道上超車。從照後鏡中你看到在你後方的車輛已移出車道來超越你。你應

選出一個正確的答案
A ● 直到後車超越後才打燈號
B ○ 打燈號並移出原車道超車
C ○ 打燈號告訴後車駕駛你也想超車
D ○ 踩剎車以顯示剎車燈

解釋 6
雙線道路在每一方向至少有二條車道。在相對的交通方向之間會有中央保留區以安全的隔離不同方向的交通。

問題 7

在哪三項狀況下，你可從左邊超車？

選出三個正確的答案

- A ⬤ 當前車打燈號要右轉時
- B ⬤ 在緩行的車隊中，當右邊車道的行進速度更慢時
- C O 當接近高速公路交流道且你要離開高速公路時
- D O 當慢行車輛行駛在雙線道路的右邊車道時
- E ⬤ 當你在車輛單向行駛道上

問題 8

在結冰的彎路上應如何行駛？

選出一個正確的答案

- A O 同時使用離合器及剎車
- B ⬤ 慢慢的及順暢的
- C O 打第一檔行進
- D O 當進入彎路時便踩剎車

解釋 8

當天氣寒冷並且路上結冰時，你必須意識到你的車輛或機械的操縱方式會有所不同。車胎的抓地力會減少許多，進而影響你的駕駛控制力。

問題 9

在下雪天行駛，你如何取得最好的控制？

選出一個正確的答案

- A ⬤ 儘量以高檔數慢慢行駛
- B O 以低檔行駛並緊抓方向盤
- C O 以第一檔行駛
- D O 加重引擎的運轉並放鬆離合器

解釋 9

若在雪地行駛，儘量以高檔數行駛。因為這會給予車輪較低的馬力而減低車輛滑行的機率。

問題 10
要矯正後輪滑行，你應

選出一個正確的答案
A 0 不動
B 0 轉向相對的方向
C 0 轉向滑行的方向
D 0 拉上手剎車

解釋 10
你若感到後輪開始打滑，試著操縱方向盤以再取得控制。不要突然剎車–這只會使得情況變得更糟。

問題 11
在這危險後，為何你應測試你的剎車？

選出一個正確的答案
A 0 因為你會開在溜滑的路上
B 0 因為你的剎車會被浸溼
C 0 因為你才開下一條長下坡路
D 0 因為你才跨越一座長橋

解釋 11
所謂淺灘是指在河流淺水處車輛可行駛通過的地方。

問題 12
你必須在霧天中行車。在出發前你應做哪二件最重要的事？

選出二個正確的答案
A 0 確保所有車燈的功能良好
B 0 確保車窗的清潔
C 0 在汽車冷卻器中加入防凍劑
D 0 檢查汽車電池

解釋 12
除非不得已，儘量不要在霧天行車。

問題 13
你必須在霧天中行車。你應

選出一個正確的答案
A 0 緊跟前車的尾燈
B 0 不要使用車上的除霧裝置和車窗雨刷
C ● 留予充分的旅程行車時間
D 0 與前車保持兩秒鐘的距離

解釋 13
凡事慢慢來，不要匆匆忙忙的。

問題 14
你開著車燈行駛在霧中，前面也有別的車。你還能做什麼以減低車禍發生的機會？

選出一個正確的答案
A 0 靠近前面的車輛
B 0 以遠光燈代替近光燈
C ● 減低車速並增長車間距離
D 0 跟隨行駛較快的車輛

解釋 14
使用近光燈。如果視線範圍在100公尺(330呎)內，使用霧燈及高強度的車尾燈。

問題 15
為何行駛在霧中時，你總是應該減低車速？

選出一個正確的答案
A ● 因為比較難看見前面的狀況
B 0 因為剎車的功能會比較不好
C 0 因為你可能會因其他車輛的霧燈直感到眼花
D 0 因為引擎會比較冷

解釋 15
行駛在霧中是具有危險性的。要安全的行駛你必須總是看清前面的狀況。在霧中行駛時，你會因很難看見前面的狀況而有較少的時間作適當反應。你必須減低車速。

問題 16
你行駛在霧中。在後方的車輛似乎距離你很近。你應

選出一個正確的答案
A 0 閃示你的危險警示燈
B 0 小心的繼續前行
C 0 開到一旁並停車
D 0 加速遠離後車

解釋 16
如果在後方的車輛似乎距離你很近，後車駕駛人可能是在霧中利用你的車尾燈作為引導定點。這並不是個好主意。

問題 17
你行駛在霧中。為何你應與前車保持距離？

選出一個正確的答案
A 0 以防備前車突然改變方向
B 0 以防前車的霧燈使你眼花
C 0 以防前車的剎車燈使你眼花
D 0 以防前車突然停止

解釋 17
前車的駕駛可能只在最後關頭才看見危險並緊急剎車。由於路面可能又溼又滑，你需要良好的停車距離。

問題 18
當視線範圍降低至什麼程度的時候你應使用霧燈

選出一個正確的答案
A 0 100公尺(330呎)
B 0 你的全面停止距離
C 0 10個車身的長度
D 0 10公尺(33呎)

問題 19
你行駛在有迷霧的天氣中，你的前方視線範圍多於100公尺(330呎)。你如何確定其他駕駛人也能看見你？

選出一個正確的答案
A 0 緊緊跟隨前車
B 0 開起你的前車燈
C 0 開起你的後方霧燈
D 0 靠近路中央行駛

解釋 19
在霧中行駛，你總是應該使用前車燈。使用近光燈以避免白霧反射燈光。

問題 20
只有在不能看清路況的什麼視線範圍之外，你應用車後方的霧燈。

選出一個正確的答案
A 0 100公尺(330呎)
B 0 200公尺(660呎)
C 0 250公尺(800呎)
D 0 150公尺(495呎)

問題 21
在霧中你必須在路旁停車時，你應

選出一個正確的答案
A 0 把前車燈和霧燈亮著
B 0 把車邊燈亮著
C 0 把前車燈亮著
D 0 把遠光燈亮著

解釋 21
如果你必須在霧中停車，你要確定其他的道路使用者可以看見你的車。

問題 22

你在霧中行駛在高速公路上。你可由公路左邊地面反光路釘而辨認路的邊緣。這些反光路釘的顏色為

選出一個正確的答案

A 0 紅色
B 0 綠色
C 0 黃色
D 0 白色

問題 23

你在晚間行駛在燈光明亮的高速公路上。你必須

選出一個正確的答案

A 0 總是使用前車燈
B 0 總是使用後方霧燈
C 0 只用車邊燈
D 0 只在壞天氣時使用前車燈

問題 24

你在晚間行駛在高速公路上。你必須使用前車燈，除非

選出一個正確的答案

A 0 在靠近你的前方另有車輛
B 0 你的車輛拋錨在路肩上
C 0 你的車速在時速50英里以下
D 0 高速公路上已有燈光

解釋 22

高速公路上的地面反光路釘是用來在視線不良時協助你辨認路。
這些反光路釘有不同的顏色，所以你可知道自己開在哪一線道、高速公路的出入交流道等。

問題 25
你在晚間行駛在高速公路上，前面也有其他車輛。你應使用哪項燈光？

選出一個正確的答案
A 0 前霧燈
B 0 近光燈
C 0 遠光燈
D 0 只用車邊燈

解釋 25
遠光燈會使你前方的駕駛人感到目眩眼花。你的車燈照亮範圍應在前方車輛行駛的地方之外。

問題 26
在夜間超車時，以下哪**二項**是正確的？

選出二個正確的答案
A 0 等到彎路時你可看見前面對方來車的車燈
B 0 要小心因為你的視野有限
C 0 在移出超車前按二聲喇叭
D 0 小心前方的彎路
E 0 打上遠光燈

解釋 26
只有在真正必要的情況下才超越前車。因夜間的視野較差，車禍發生的機會也較大。

問題 27
你在夜間超車，你必須要確定

選出一個正確的答案
A 0 在超車前閃示你的車燈
B 0 你的車燈不會使其他駕駛人眼花
C 0 你的車後霧燈開著
D 0 在超車前打上遠光燈

問題 28

你在夜間行車。你因對方來車的燈光而感目眩眼花。你應

選出一個正確的答案

A 0 拉下遮陽板使用

B 0 打上你的遠光燈

C 0 減速或停車

D 0 把手放在眼睛上方

問題 29

你在夜間行駛在一條窄路上，前面的慢行車輛已閃示它的右轉方向燈有好一陣子。你應如何？

選出一個正確的答案

A 0 從左邊超車

B 0 等右轉方向燈被取消再超車

C 0 在超車前閃示你的車燈

D 0 打上你的右轉方向燈並按喇叭

解釋 29

不要

- 閃示你的車燈
- 按喇叭
- 未能看清路況而仍超車

問題 30

你打算夜間將車停在路邊並不留亮任何燈光。下列哪一項是對的

選出一個正確的答案

A 0 這條路的時速限制必須在30英里或以下

B 0 必須要確定從至少10公尺(33呎)處能看見你的車

C 0 你必須停在面對交通行駛方向的路旁

D 0 你至少要把半邊車停在人行道上

解釋 30

若你打算夜間將車停在路邊，停在順著交通行駛方向的路旁。這樣其他的駕駛人可看見你汽車或機械後方的反光板。如果時速限制為30英里以上，或你的車輛超過一噸重，則使用你的車邊燈。

問題 31
你行駛在一條有許多支線道路的主要道路上。你應有什麼事前防備的措施？

選出一個正確的答案
A 0 在接近每條支線道路時按聲喇叭
B ● 減速以防有車從支線道轉出
C 0 停在每個支線道路口並查探交通情形
D 0 靠路中央行駛

解釋 31
你若行駛在一條有許多支線道路的主要道路上，要警醒小心。看清前面路況並預期其他駕駛人的反應。確保行駛的車速能讓你在有車從支線道路轉出時安全的停止。

問題 32
以下哪**二項**是正確的？在單線道路上的會車處是用來

選出二個正確的答案
A ● 如果對方來車要前進，你可開入此處讓路
B 0 在駕駛行程中暫做休息
C 0 停止和檢查你的行程路線
D ● 如果在你後方的車輛要超車，你可開入此處讓路
E 0 迷路時可用來將車掉轉方向

解釋 32
若你行駛在單線道路上，要準備隨時利用會車處來讓路。會車處不可用來停車或將車掉轉方向。

問題 33
在單線道路上你看見一輛車向你駛來，你應

選出一個正確的答案
A 0 倒車回到主要道路
B 0 緊急剎車
C 0 閃示你的危險警示燈
D ● 停在會車處

第九部分
高速公路規則

這部分專注於高速公路規則

你會被問及有關以下的問題

車速限制

道路紀律

停止行進

燈光號誌

停車

第九部分高速公路規則

問題 1
以下哪一個可以行駛在高速公路上？

選出一個正確的答案
A ⬮ 貨車
B 0 單車騎士
C 0 農耕用曳引機
D 0 學習駕駛人

解釋 1
任何行駛緩慢的道路使用者，會對自己及他人造成危險。因此法令規定限制能夠使用高速公路的車輛種類。

問題 2
以下哪**四項絕不可**使用高速公路？

選出四個正確的答案
A 0 超過50cc的機車
B ⬮ 學習駕駛人
C ⬮ 農耕用曳引機
D ⬮ 馬匹騎士
E 0 雙層巴士
F ⬮ 單車騎士

問題 3
為何在行駛長途的高速公路旅程前，檢查所使用車輛的工作特別重要？

選出一個正確的答案
A 0 你在高速公路上時踩的剎車會比較重
B 0 高速公路休息站不處理拋錨車輛
C 0 路面會比較快的磨損車胎
D ⬮ 高速行駛會增加車輛拋錨的機率

解釋 3
在行駛長途的高速公路旅程前，檢查確認所使用的車輛能夠擔當高速行駛的工作。行駛高速公路旅程前，檢查

- 油劑
- 水
- 車胎

問題 4
什麼時候你不准停在高速公路上？

選出一個正確的答案
A 0 要避免車禍發生時
B 0 要撿起從你車上掉下的東西時
C 0 當警察要求你停車時
D 0 當你所行車道上方的號誌板顯示紅色閃示燈號時

解釋 4
不要試著撿起任何從你車上掉下的東西。不要走在車道上。停到路肩並利用緊急電話來求救。

問題 5
你從交流道上準備行駛進入高速公路。你應

選出一個正確的答案
A 0 等待行駛在靠近你的車道上之車輛更換行車線道
B 0 與在路上行駛的車輛保持同速，並在車道有安全距離出現時移入。
C 0 在交流道的前端等待交通狀況清楚了再開上高速公路
D 0 在交流道的末端等待可駛入車道的安全距離出現

解釋 5
不要
- 強行擠駛進入高速公路
- 在路肩行駛

問題 6

你正準備進入高速公路。為何你應充分利用交流道是很重要的？

選出一個正確的答案

A 0 因在有需要時，有空間可讓你減速

B ● 讓你加快至與已在公路上行駛車輛相似的車速

C 0 讓你能直接進入超車用線道

D 0 因為你可繼續行駛在路肩上

問題 7

當在加入高速公路時你必須

選出一個正確的答案

A 0 總是使用路肩

B 0 停在加速線道的末端

C ● 總是讓路給已在高速公路上行駛的車輛

D 0 在加入高速公路前停車

問題 8

你駕車行駛在高速公路上，除非有號誌的顯示，你的車速**絕不可**超過

選出一個正確的答案

A ● 每小時70英里

B 0 每小時50英里

C 0 每小時60英里

D 0 每小時80英里

解釋 8

行駛車速可能因路上車輛多少的狀況而有不同。在道路施工處可能會強制實行低速行駛。

第九部分高速公路規則

問題 9

在你的車後，你正拖曳著一輛附隨車，並行駛在高速公路上。你的最高行車時速為

選出一個正確的答案

A 0 每小時40英里
B 0 每小時50英里
C 0 每小時70英里
D 0 每小時60英里

解釋 9

不要忘記你正拖曳著一輛附隨車。由大型車輛造成的強風可能會使得你蛇行。

問題 10

在一條三線道的高速公路上，你應用哪一線道作正常的行駛？

選出一個正確的答案

A 0 右邊
B 0 左邊
C 0 中央
D 0 不是右邊也不是中央

問題 11

行駛在高速公路上的基本規則為

選出一個正確的答案

A 0 使用車輛最少的線道
B 0 從路況清楚的任一線道超車
C 0 試著保持在時速50英里以上以防車輛阻塞
D 0 除了超車外，保持行駛在左邊線道

問題 12

你以時速70英里行駛在一條三線道的高速公路上，前方都沒有車。你應使用哪一線道？

選出一個正確的答案

A 0 任何線道
B 0 左邊線道
C 0 中央線道
D 0 右邊線道

問題 13

在一條三線道高速公路上的左邊線道是讓誰使用的？

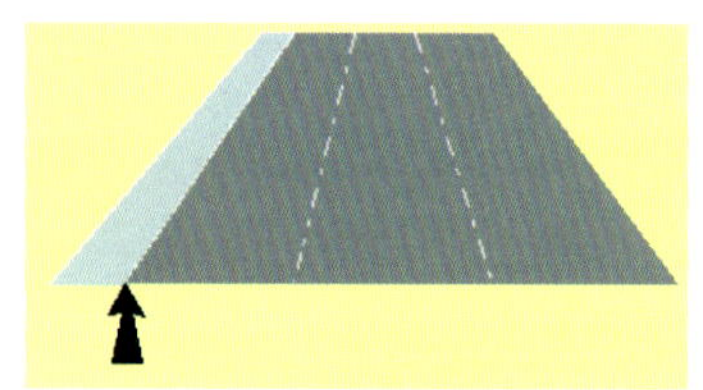

選出一個正確的答案

A 0 任何車輛
B 0 只有大型車輛
C 0 只有緊急救助車輛
D 0 只有行駛緩慢的車輛

解釋 13

在高速公路上所有車輛除了超車外，都應使用左邊線道。如果你要超車，利用中央或右邊線道超越。

問題 14

高速公路上的左邊線道應用於

選出一個正確的答案

A 0 只在車輛拋錨及緊急事件時

B 0 超越在其他線道慢行的車輛

C 0 正常駕駛

D 0 只有慢行的車輛可使用

解釋 14

你必定意識到大型車輛是不准在右邊線道超車的。不要一直行駛在中央線道而阻擋大型車的行進。在安全的情形下，儘早移至左邊線道。

問題 15

在何情形下，你可使用高速公路上的右邊線道？

選出一個正確的答案

A 0 避免卡車

B 0 超越其他車輛

C 0 行駛超過70英里的時速

D 0 右轉

解釋 15

高速公路上的右邊線道是用來超車的。有時你會因道路施工或車禍而被引導至右線道行駛。依據號誌或警察的指示行駛。

問題 16
在高速公路上，你不該從左邊線道超車，除非

選出一個正確的答案
A ● 在你右邊線道上的冗長車隊行進速度比你慢
B O 你可看清前方的路肩上沒車
C O 在右邊線道上的車閃示右轉方向燈號
D O 你閃示左轉方向燈號以警示後方的駕駛

問題 17
只有何時你可停在高速公路的路肩？

選出一個正確的答案
A O 覺得疲倦需要休息時
B O 意外錯過預定要下的出口
C O 停車給搭便車者
D ● 在緊急情形下

解釋 17
不要在路肩上
- 休息或野餐
- 停車給搭便車者
- 察看地圖

問題 18
你的車胎在高速公路上被刺破，你好不容易將車停在路肩上。你應

選出一個正確的答案
A O 立即自行更換車胎
B ● 利用緊急電話求助
C O 試著攔下另一車的駕駛來幫你
D O 只在有同車乘客幫助時才更換車胎

解釋 18
由於路上行經車輛可能造成危險，你不應試著在路肩修車。

問題 19
何時你可使用高速公路的路肩？

選出一個正確的答案
A 0 超車
B 0 在緊急情形下停車
C 0 在疲倦時停車
D 0 加入高速公路

問題 20
你的車在高速公路上拋錨，因此而停在路肩。哪裡是最安全的等待救援地點？

選出一個正確的答案
A 0 車的後方
B 0 在車內
C 0 在路肩旁的草坪堤防上
D 0 車的前方

解釋 20
不要跨越高速公路以使用對面車道邊的電話。

問題 21
你的車在高速公路上拋錨而停在路肩。你車內的乘客應

選出一個正確的答案
A 0 離開車輛並在堤防上等待
B 0 留在座位上並佩帶安全帶
C 0 離車並行向最近的交流道口
D 0 留在座位上但不佩帶安全帶

解釋 21
最安全的等待救援地點是在遠離道路的草坪堤防上。總是由遠離道路邊的車門下車。保持孩童的安全並遠離道路。

問題 22

你的車在高速公路上拋錨但無法停到路肩。你該做的第一件事為何？

選出一個正確的答案

A 0 停止在你後方的車輛並向其求助

B 0 試著很快得修護你的車

C 0 在路上放置一個警示三角架

D 0 閃示你的危險警示燈號

問題 23

你行駛在繁忙的高速公路上的左線道，路標顯示這線道將在前面800碼處關閉。你應

選出一個正確的答案

A 0 打右方向燈，移出車道並等別人讓路給你

B 0 儘早趁安全時，將車移至在你右方的車道

C 0 閃示危險警示燈並插入右方車道

D 0 行駛到關閉處障礙物前然後移至右邊線道

解釋 23

不要

- 等到最後關頭才試著轉換車道
- 期望別人讓路給你
- 停止

第九部分高速公路規則

問題 24
什麼時候你可停止在高速公路上？

選出三個正確的答案
A 0 必須讀地圖時
B 0 行駛車道上方顯示紅燈時
C 0 應警察要求時
D 0 疲倦需要休息時
E 0 發生緊急狀況或拋錨時
F 0 同行的兒童感覺不舒服時

解釋 24
你只能在以下狀況停止在高速公路上
- 應警察要求時
- 行駛車道上方顯示紅燈時
- 塞車時
- 發生緊急狀況或拋錨時

問題 25
你行駛在高速公路上。每一車道的上方都閃示著紅色燈號。你必須

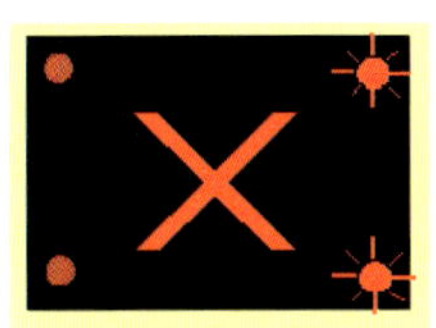

選出一個正確的答案
A 0 停到路肩上
B 0 停止並等待
C 0 減低車速並注意進一步的訊號顯示
D 0 在下個出口離開高速公路

解釋 25
每一車道的上方都閃示著紅色燈號時，你絕不可繼續前進。你同時會看見紅色號的顯示，停車並等待。不要
- 改變行駛的車道
- 繼續行駛
- 開到路肩(緊急狀況除外)

問題 26

行駛在特定逆向行駛的高速公路上時，你應

選出一個正確的答案

A 0 為了安全，行駛時速不超過30英里

B 0 轉換車道以保持交通的順暢

C ● 為了安全，與前車保持良好的距離

D 0 與前車靠近，以減短車隊的長度

問題 27

這些高速公路標誌表示

選出一個正確的答案

A 0 接近橋樑的倒數標誌

B ● 接近下個出口的倒數標誌

C 0 接近下個電話的倒數標誌

D 0 前有警察控制的警示

解釋 27

在高速公路接近每個出口時都會有倒數標誌。這些標誌間的間隔位置為100公尺(330呎)。

第一個倒數標誌位於交流道出口前的300公尺(990呎)。試著留有充足的時間將車開在左線道。

問題 28

你行駛在高速公路上，不小心錯過了所要的出口。你應

選出一個正確的答案

A 0 繼續行駛到下個出口
B 0 在路肩上小心倒車
C 0 在左線道上小心倒車
D 0 在下個道路中央保留區的空隙倒轉迴車

解釋 28

行駛在高速公路上，不小心錯過了所要的出口。你應繼續行駛到下個出口再下高速公路。不要

- 在任何地方倒車
- 倒轉迴車

問題 29

在高速公路上，你可在哪裡發現黃褐色的地面反光路釘？

選出一個正確的答案

A 0 介於路肩和車道之間
B 0 介於加速線道和車道之間
C 0 介於道路中央保留區和車道之間
D 0 介於兩條車道之間

解釋 29

高速公路上的地面反光路釘在於幫助你行駛

- 在黑暗中
- 在視線不良的狀況

問題 30

行駛在一條三線道的高速公路上，你可看見紅色的反光路釘在你的左方，白色的反光路釘在你的右方。你所處的位置為

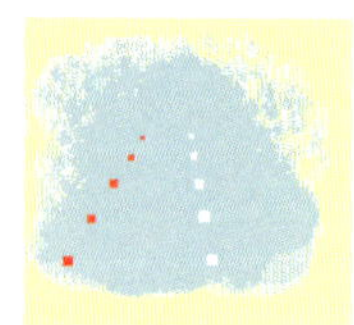

選出一個正確的答案

A 0 在右邊的車道
B 0 在中間的車道
C ● 在左邊的車道
D 0 在路肩上

問題 31

介於高速公路和其交流道之間的地面反光釘顏色為

選出一個正確的答案

A 0 紅色
B ● 綠色
C 0 黃褐色
D 0 白色

問題 32

行駛在高速公路上，在車道左方的地面反光釘顏色為何？

選出一個正確的答案

A ● 紅色
B 0 綠色
C 0 白色
D 0 黃褐色

解釋 30

在高速公路上的地面反光釘的顏色和位置為

紅色

- 在路肩和車道之間

白色

- 介於各車道之間

黃褐色

- 介於車道邊緣和中央保留區之間

綠色

- 沿著交流道的進口和出口

明亮的綠色/黃色

- 道路施工和指定逆向行駛處

在通過路考後，向你的汽車駕駛教練詢問有關高速公路行駛課程。優良專業的教導會增加你行駛高速公路的信心。

第十部分
道路規則

這部分專注於道路規則

你會被問及有關以下的問題

車速限制

道路紀律

停車

燈光號誌

問題 1
車輛及機車行駛在雙線道路上的全國法定速度限制為

選出一個正確的答案
A 0 每小時30英里
B 0 每小時70英里
C 0 每小時50英里
D 0 每小時60英里

問題 2
你行駛在沒有交通標誌但有街燈的路上。車速的限制為何?

選出一個正確的答案
A 0 每小時20英里
B 0 每小時30英里
C 0 每小時40英里
D 0 每小時60英里

解釋 2
行駛在有街燈的路上，車速的限制為每小時30英里，除非另有標示。

問題 3
在沒有標明時速限制的路上。時速限制30英里的道路是如何顯示的?

選出一個正確的答案
A 0 危險警示劃線
B 0 行人安全島
C 0 雙黃線或單黃線
D 0 街燈

問題 4

你看見在前方的這個標誌。它意味著

選出一個正確的答案

A 0 在越過這個標誌後，不要超過時速30英里
B 0 在越過這個標誌後，開始降低車速到時速30英里
C 0 你正離開時速30英里的地區
D 0 前方的最低時速為30英里

解釋 4

若你正要進入低速行駛區域，利用充分的時間調整你的車速。

問題 5

像以下所示標誌的意義為何？

選出一個正確的答案

A 0 你可安全的行駛於所示車速
B 0 所示車速是勸告的行駛最高時速
C 0 你絕不可超過所示車速限制
D 0 所示車速限制可用於不同的路面及天氣狀況

解釋 5

時速限制標誌的存在是有原因的。在有許多支線道路的主要道路上，較低的時速限制會使車輛由支線道轉入主線道時較為安全。

問題 6
你正行駛過一條左邊停有車輛的道路。為了哪**三項**原因，你必須保持較低的車速？

選出三個正確的答案
A 0 所以對方來車可以較清楚的看見你
B 0 可能會有車開出
C 0 駕駛座邊的車門可能會打開
D 0 你可能會引起汽車警鈴作響
E 0 有孩童可能從停駐的車輛間跑出

問題 7
你在行駛的車道上遇見障礙。你必須

選出一個正確的答案
A 0 繼續行駛，你有行駛的權利
B 0 揮手示意對方來車通過
C 0 加速搶先通過
D 0 讓路給對方來車

問題 8
你正把車停在路旁，什麼情形下你可留著引擎運轉？

選出一個正確的答案
A 0 停車少於五分鐘時
B 0 在任何情形下都不可
C 0 如果電池沒電時
D 0 如果車內有乘客時

解釋 6
在停有車輛的住宅區行駛時要小心。

問題 9
在哪四個地方你絕不可停車或坐在車內等待？

選出四個正確的答案
A 0 在公車站上
B 0 在安全島的對面
C 0 在別人的停車道前
D 0 在雙線車道上
E 0 在山坡地的頂端
F 0 在山坡地的斜坡

解釋 9
停靠車輛時應要有所考慮並小心。

問題 10
哪個是你可靠近路口停車的最近距離？

選出一個正確的答案
A 0 12公尺(40呎)
B 0 10公尺(33呎)
C 0 15公尺(50呎)
D 0 20公尺(65呎)

問題 11
在哪些地方你有時可以停靠車輛？

選出一個正確的答案
A 0 在高速公路上靠近路邊的車道
B 0 禁止停車道路
C 0 在斑馬線的鋸齒狀劃線處
D 0 在劃有黃色單虛線處

解釋 11
檢視路旁任何有關停車限制的標誌。在劃有雙黃線處絕不可停車。

問題 12

要停車在殘障者停車位時，你必需要有

選出一個正確的答案

A 0 一輛輪椅
B 0 一個橙色標記
C 0 一個高級程度駕駛證書
D 0 一輛經改裝的車輛

問題 13

你的車停在晚間的路旁。何時你必須使用車邊燈？

選出一個正確的答案

A 0 當車速限制超過時速30英里時
B 0 當路中央劃有繼續不斷的白線時
C 0 當你面向對方來車時
D 0 當你靠近公車站時

解釋 13

當在夜間停車，停在行駛方向的路旁。這可讓其他道路使用人看見你車後方的反光板。

問題 14

在一條三線道的公路上，右邊的車道可

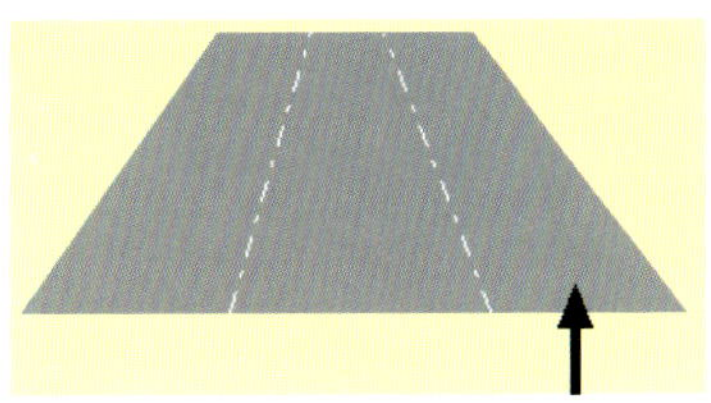

選出一個正確的答案

A 0 只能超車不能右轉

B 0 只有快速行駛車輛可使用

C 0 只能右轉不能超車

D 0 超車或右轉

問題 15

你行駛在雙線道路上。哪**二種**情形下你可使用右線車道？

選出二個正確的答案

A 0 正常的行駛

B 0 行駛在最低的限制車速

C 0 右轉

D 0 持續高速行駛

E 0 修理車胎

F 0 超越行駛較慢的車輛

解釋 15

在雙線道路上超越車輛後，儘早趁安全時移回左線道行駛。

問題 16
你行駛在雙線道路上的右線車道。路旁標誌顯示此右線車道將於你的前方800碼處關閉。你應

選出一個正確的答案
A 0 保持在右線道直至達到車輛排長隊的地方止
B 0 利用充分時間移至左線道行駛
C 0 立即移至左線道行駛
D 0 等待並觀察哪條車道的行駛速度較快

問題 17
身為汽車駕駛人，哪三條線道你絕不可使用？

選出三個正確的答案
A 0 車輛爬坡行駛道
B 0 在公告時間內的公車專用道
C 0 單車騎行道
D 0 超車用車道
E 0 電車道
F 0 加速線道

解釋 17
觀察各類路標的指示。有些線道只能由某些規定種類的車輛使用。

問題 18
在車輛單向行駛的道路上，你可從哪邊超車？

選出一個正確的答案
A 0 左邊或右邊
B 0 只能由左邊
C 0 不准超車
D 0 只能由右邊

解釋 18
觀察各類路標的指示，並選用適合你行程的車道。

問題 19
你行駛在一條只在右方有會車地方的單線道路上，在你後方的駕駛人想超車。你應

選出一個正確的答案
A 0 加速行駛以脫離後車的尾隨
B 0 閃示你的危險警燈號
C 0 等在你右方會車處的對面
D 0 開入你右方的會車處

解釋 19
有些路的寬度只能容納一部車。通常這類道路會在短距離的較寬道路處設有特別的會車處。

問題 20
你行駛在只容有一輛車寬度的道路上。有另一輛車正向你駛來。以下哪**二項**是正確的？

選出二個正確的答案
A 0 駛進在你左方的會車處
B 0 駛進在你右方的會車處
C 0 強迫另一輛車倒車
D 0 等在你右方會車處的對面
E 0 若你的車較寬便駛進會車處
F 0 等在你左方會車處的對面

解釋 20
在窄路上與他車相遇，而會車處在右方時，停在右方會車處的對面。這可使來車駛進會車處，與你安全的會車。

問題 21

要在圓環向前直行，你應

選出一個正確的答案

A 0 任何時候都不打方向燈

B 0 當接近圓環時打右轉方向燈

C 0 當接近圓環時打左轉方向燈

D 0 在要離開圓環時打方向燈

解釋 21

要在圓環向前直行，你應在一經過你所要出口的上個出口時打上左轉方向燈。不要

- 在接近圓環時打右轉方向燈
- 在接近圓環時打左轉方向燈

問題 22

要在圓環向前直行，你應如何顯示方向燈號？

選出一個正確的答案

A 0 當接近圓環時打右轉方向燈然後在離開圓環時打左轉方向燈

B 0 在一經過你所要之出口的上個出口時打上左轉方向燈

C 0 當離開圓環駛進出口時打上左轉方向燈

D 0 當接近圓環時打左轉方向燈並保持燈號直到離開圓環為止

解釋 22

要在圓環向前直行，你應通常由左線道接近圓環。在遇有地面劃線標誌時則依標誌指示行駛。

問題 23

有兩部車接近一個沒有路旁標誌或地面標誌的十字路口，哪部車有優先權？

選出一個正確的答案

A 0 行駛較快的車輛

B 0 在較寬道路上的車輛

C 0 從右方接近的車輛

D 0 都沒有優先權

解釋 23

在沒有標示"讓路"或地面劃線標誌的十字路口，**要特別小心謹慎**。

問題 24
在未有標誌的十字路口，誰有優先行駛權？

選出一個正確的答案
A 0 較大型車輛的駕駛人
B 0 沒有任何人
C 0 行駛較快的車輛
D 0 在較寬道路上的車輛

解釋 24
在行駛併入道路或轉彎前，使用良好的觀察力來觀察各方路況。

問題 25
你打算在路口右轉，而對方來車也要右轉。通常會比較安全，如果

選出一個正確的答案
A 0 保持另一部車輛在你的右方並從其後面轉彎(駕駛人邊對駕駛人邊)
B 0 保持另一部車輛在你的左方並從其前面轉彎(乘客邊對乘客邊)
C 0 繼續行駛到下個路口再轉彎
D 0 保持原位等另一部車先轉彎

解釋 25
在某些道路上，你比較難以此方式轉彎。準備以乘客邊對乘客邊的方式轉彎，但要特別小心，因你的視線會被在你前面轉彎的車輛擋住。

問題 26

何時你可進入劃有方塊線條的路口？

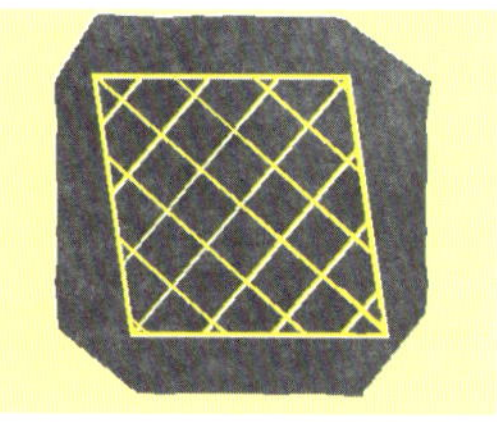

選出一個正確的答案

A O 只有在你前方少於二部車時

B O 當交通號誌顯示綠燈時

C O 只有在你要行駛進入的道路上沒車時

D O 當你需要右轉時

解釋 26

路口劃有方塊線條的用意在於防止塞車。

問題 27

在哪三種情況下你**必須**停車？

選出三個正確的答案

A O 當涉及車禍時

B O 在劃有白色雙虛線的路口

C O 紅燈時

D O 當警察顯示訊號要求你時

E O 當在黃燈閃示而沒有行人穿越的行人穿越道上

解釋 27

看清前方並"閱讀"道路會幫助你對危險狀況做好準備。這會讓你在被人要求或路標指示下，安全停車。

問題 28

你在一個鐵路平交道前等待。在一列火車行經後，紅色的警誌燈仍然繼續閃示著。你應如何？

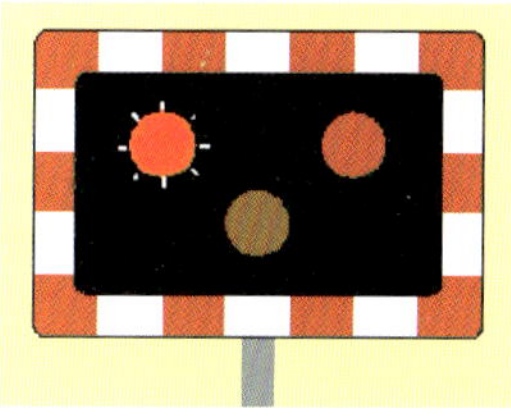

選出一個正確的答案

A 0 走出車外並查明究竟
B 0 打電話給號誌操縱員
C 0 繼續等待
D 0 安全的行駛跨越

解釋 28

在一個鐵路平交道前閃示的紅色警誌燈表示你應停車。
在某些平交道，你也會聽見警鈴聲。

問題 29

你正行駛跨越一個鐵路平交道。此時，平交道的警示號誌亮起並且警鈴也響起。你應如何？

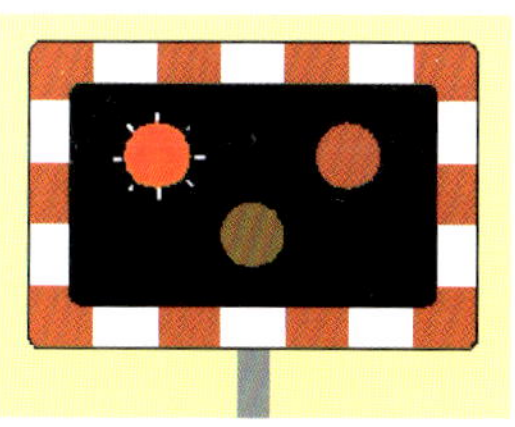

選出一個正確的答案

A 0 繼續行進離開平交道
B 0 立即叫所有的乘客離開車輛
C 0 停止並倒車駛離平交道
D 0 立即停止並閃示你的危險警示燈號

解釋 29

如果在當你正要跨越鐵路平交道時警誌燈號亮起，停車。不要在火車通過前跨越平交道。

問題 30

在一個裝有交通號誌的行人穿越道，閃示的黃燈表示

選出一個正確的答案

A 0 在黃燈停止閃示前你絕不可移動行駛

B 0 即使仍有行人跨越，你可移動行駛

C 0 必須讓路給仍在跨越的行人

D 0 你必須停止，因為馬上就會轉變為紅燈

解釋 30

綠燈會在黃燈閃示停止後出現。

問題 31

在一條繁忙的路上，發現自己正往錯誤的方向行駛。你應如何？

選出一個正確的答案

A 0 轉入支線道路

B 0 轉入右方的支線道路然後倒車至主要道路上

C 0 在主要道路上迴車

D 0 在主要道路上作"三點"迴車

問題 32

你停在一條繁忙的道路旁。要掉頭駛往另一方向的最安全方法為

選出一個正確的答案

A 0 轉入支線道路然後倒車至主要道路上

B 0 請人為你停止路上的交通

C 0 找一條安靜的支線道路掉轉行車方向

D 0 在主線道上迴車

問題 33
你絕不可倒車

選出一個正確的答案
A 0 長過必需的時間
B 0 長過一個車身的長度
C 0 進入支線道路
D 0 進入住宅區

解釋 33
你可能會決定以倒車至空地或支線道路的方式來掉轉行駛方向。倒車時總要是小心注意後方以防行人跨越。不要
- 倒車長過必需的時間
- 由支線道路倒車至主要道路

不要由支線道路倒車至主要道路，主要道路的交通會比較忙並且車速較快。利用安靜的支線道路倒車以減低危險。

問題 34
什麼時候你可由支線道路倒車至主要道路？

選出一個正確的答案
A 0 只有在兩條路上都沒有車時
B 0 任何時候
C 0 任何時候都不可
D 0 只有在主要道路上沒有車時

第十一部分
道路及交通號誌

這部分專注於道路及交通號誌

你會被問及有關以下的問題

道路標誌

車速限制

路面劃線標誌

法令規定

問題 1

你必須遵守指示標誌。這些標誌大多顯示於

選出一個正確的答案

A 0 綠色長方形內
B 0 紅色圓圈內
C 0 紅色三角形內
D 0 藍色長方形內

問題 2

給予指示的交通標誌通常以哪種形狀出現？

選出一個正確的答案

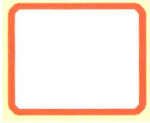

A 0

B 0

C 0

D 0

解釋 1

交通標誌可分為三類 – 給予指示，警告及提供訊息。在路上的各類交通標誌都有其不同的形狀。

問題 3

哪一類的標誌是告訴你不要做某些事？

選出一個正確的答案

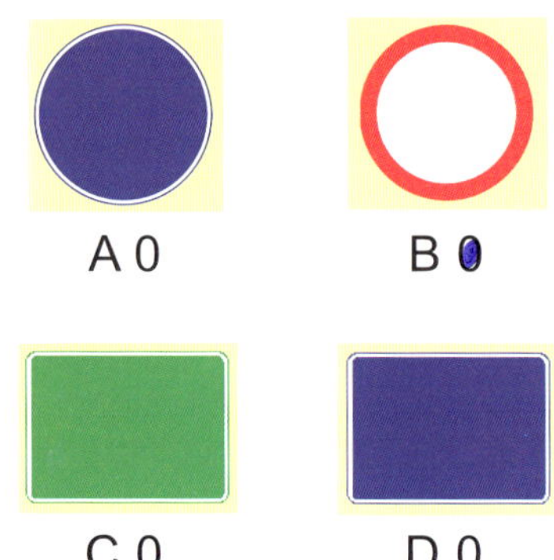

解釋 3

在圓圈內的標誌表示你不可做某些事。

問題 4

哪個標誌表示車輛不准進入？

選出一個正確的答案

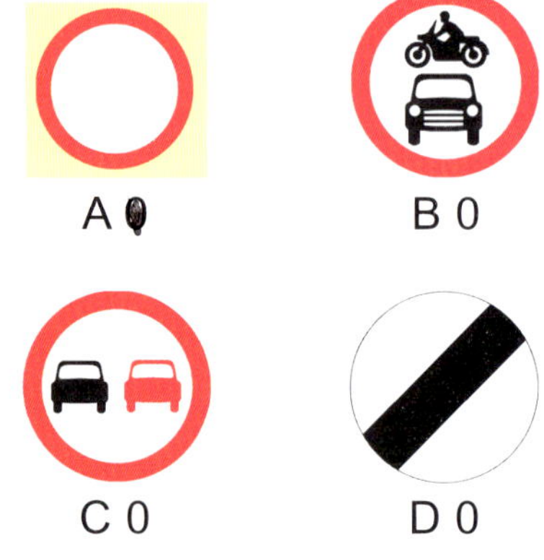

問題 5

這個標誌的意思為

選出一個正確的答案

A 0 不准超車
B 0 禁止停車道路(不許停車)
C 0 只准汽車與機車
D 0 禁行各式機動車輛

問題 6

哪一個標誌表示禁行各式機動車輛?

選出一個正確的答案

問題 7
這個標誌的意思為

選出一個正確的答案
A 0 對方來車有優先權
B 0 相對行駛方向車道
C 0 不准超車
D 0 前方不准右轉

解釋 7
你可在一連串的彎路或狹窄道路上看見這個標誌。

問題 8
這個標誌的意思為

選出一個正確的答案
A 0 實施汽車停車等待限制
B 0 准許汽車停車等待
C 0 實施全國行駛車速限制
D 0 禁止停車道路(不許停車)

解釋 8
在那裡會有個牌子或附加的標誌告訴你限制實施執行的時間。

問題 9

你看見前方的這個標誌，它表示

選出一個正確的答案

A 0 不准進入
B 0 實施汽車停車等待限制
C 0 實施全國行駛車速限制
D 0 不許停車

解釋 9

不准停車(緊急狀況除外)的漫長道路稱為"禁止停車道路"。你會看到這個標誌。

問題 10

這個交通標誌的意思為何？

選出一個正確的答案

A 0 不准超車
B 0 給予對方車輛優先行駛權
C 0 不准迴轉車輛
D 0 單向行駛交通

解釋 10

優先通行權的標誌通常會顯示在無法讓兩輛車同時通過的狹窄路段，例如

- 狹窄橋樑
- 施工道路
- 寬度限制處

問題 11

這個交通標誌的意思為何？

選出一個正確的答案

A ○ 雙向行駛道路的盡頭

B ○ 讓對方來車優先通行

C ● 你有優先通行權，對方來車應讓你先行

D ○ 前有公車專用道

問題 12

當你看見這個標誌時，你應如何？

選出一個正確的答案

A ○ 只在有交通靠近時才停止

B ● 即使路上沒有交通車輛，你也停止

C ○ 只在有孩童等待跨越道路時才停止

D ○ 只在紅燈顯示時才停止

解釋 12

"停止"標誌會顯示於八角形的背景中。這類標誌會出現在視線範圍有限或交通繁忙的路口。

問題 13

這個標誌的意思為何？

選出一個正確的答案

A 0 休息服務區在前方30英里處

B 0 最高車速為每小時30英里

C 0 道路旁側的停車處在前方30英里處

D 0 最低車速為每小時30英里

問題 14

有藍色背景的圓形交通標誌，作用何在？

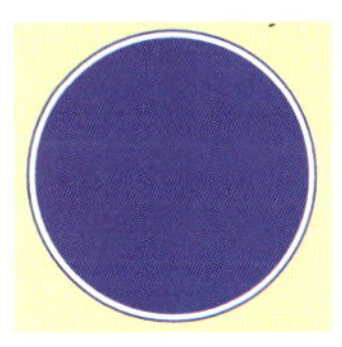

選出一個正確的答案

A 0 警告你前有高速公路

B 0 給予方向

C 0 提供高速公路訊息

D 0 給予指示

解釋 13

藍色圓形標誌給予明確的指示。這類標誌通常會出現在市鎮或都市地區。例如

小圓環

從右邊或左邊通過

問題 15
有棕色背景之標誌的意思為何？

選出一個正確的答案
A 0 旅客方向指示牌
B 0 主要道路
C 0 高速公路路線
D 0 小路

問題 16
三角形標誌的作用為何？

選出一個正確的答案
A 0 給予訊息
B 0 給予警告
C 0 給予規則指示
D 0 給予方向指示

問題 17
以下哪**四項**會以三角形的道路標誌形態顯示？

選出一個正確的答案
A 0 道路變窄
B 0 只准向前直行
C 0 最低速度
D 0 矮橋
E 0 孩童跨越道路
F 0 T形路口

問題 18
這個標誌的意思為何？

選出一個正確的答案
A 0 單車騎士必須下車
B 0 禁行單車
C 0 禁止走路行進
D 0 你正靠近一條單車路線

問題 19
這個標誌的意思為何？

選出一個正確的答案
A 0 前無人行步道
B 0 前方只許行人
C 0 前有行人跨越
D 0 行人步道區–禁行車輛

問題 20
以下中的哪一個標誌表示前有連續彎路？

選出一個正確的答案

解釋 20
三角形標誌是警告你有關前方的危險。這類標誌的作用在於給予你時間，依情況的改變而調整你的車速。

問題 21

這個標誌的意思為何？

選出一個正確的答案

A 0 前有直行雙向行駛車道
B 0 前有雙向行駛車道橫越一條單向行駛車道
C 0 對方來車有優先行駛權
D 0 前有高速公路特定逆向行駛系統

解釋 21

這個標誌可能出現在雙線車道或單向行駛車道的盡頭。目的在警告你會有對方來車。

問題 22

這個標誌的意思為何？

選出一個正確的答案

A 0 道路噪音
B 0 機場
C 0 逆傾斜度的彎路
D 0 横吹的風

解釋 22

在天氣狀況通常不好的地方，有標誌會給予你警告。你常會在暴露無遮物的道路上看見這個標誌。

問題 23

這個標誌的意思為何？

選出一個正確的答案

A 0 卡車使用路線
B 0 環狀道路
C 0 休息區
D 0 圓環

解釋 23

標誌的作用也在於給你建議。環狀道路標誌指導交通行駛繞過主要城鎮和都市。

問題 24

這個標誌的意思為何？

選出一個正確的答案

A 0 前方有狹窄的右線車道
B 0 右線車道為公車專用
C 0 不准右轉
D 0 右線車道關閉

問題 25

你看見前方的這個交通燈號。哪個燈號會在這之後亮起？

選出一個正確的答案

A O 紅燈和黃燈一同亮起
B O 綠燈和黃燈一同亮起
C O 只有紅燈亮起
D O 只有綠燈亮起

問題 26

你正接近一個亮著紅燈的交通號誌。這號誌會由紅燈轉為

選出一個正確的答案

A O 紅燈和黃燈，然後綠燈
B O 綠燈然後黃燈
C O 黃燈然後綠燈
D O 綠燈和黃燈，然後綠燈

解釋 26

你若知道燈號轉換的順序，你便可依此而計劃駛近時的各項反應事宜。這可預防過度剎車或在路口猶豫不前的情況發生。

問題 27

紅色交通燈號表示

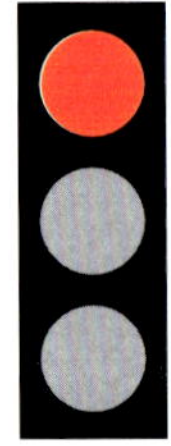

選出一個正確的答案

A 0 除左轉外，你應停止

B 0 你必須停止並等在停止線的後方

C 0 若你能夠安全的剎車則停止

D 0 小心繼續行進

解釋 27

學習交通號誌轉換的順序。

紅色表示停止並等在停車線後方。

紅色和黃色也表示停止。直到綠燈亮起再行進。

綠色表示若道路狀況清楚則行進

黃色表示在停車線停止。若黃燈在你已跨越停車線後或你太靠近停車線而不能安全停車時顯示，你則可繼續行進。

問題 28

只有黃色交通燈號單獨亮示時，這表示

選出一個正確的答案

A 0 準備行進

B 0 若道路狀況清楚則行進

C 0 若沒有行人在跨越就行進

D 0 在停車線停止

問題 29

你駛近一個正在顯示紅燈和黃燈的交通號誌。這表示

選出一個正確的答案

A 0 若道路狀況清楚則通過燈號
B 0 燈號發生錯誤–要小心
C 0 在通過燈號前，等綠燈顯示
D 0 燈號將要轉為紅燈

問題 30

你在一個由交通號誌控制的路口。在什麼情形下，即使綠燈顯示你也不應行進？

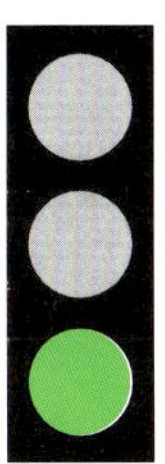

選出一個正確的答案

A 0 當你所要的出口塞車時
B 0 當行人等著跨越時
C 0 當你想燈號可能快要轉變時
D 0 當你打算右轉時

問題 31
你在一條有交通號誌控制之道路的左線道上等著左轉。以下哪個燈號顯示時，你絕不可行進？

選出一個正確的答案

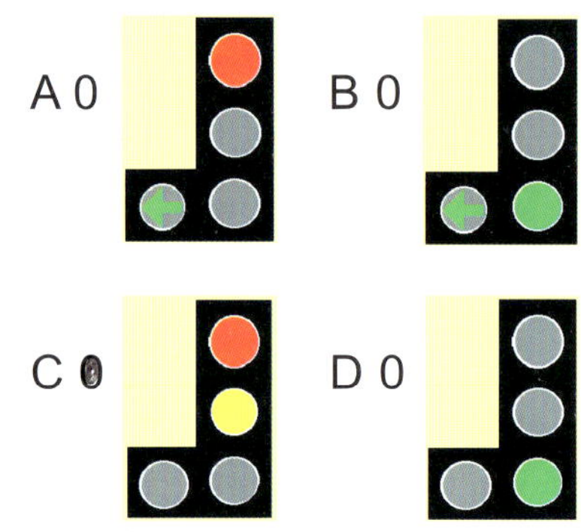

問題 32
這個標誌的意思為何？

選出一個正確的答案
A 0 黃色燈號故障
B 0 前有臨時設置之交通燈號
C 0 交通燈號故障
D 0 前有新設置之交通燈號

解釋 31
在某些路口，每一條車道會設有不同的交通燈號，這類燈號稱為車輛"過濾"燈號。它的作用在於舒緩主要路口的交通流量。
確定你行駛在正確的車道上，並在綠燈顯示時行進。

問題 33

在一個行人穿越道上正閃示著現有人形的綠色燈號。車輛駕駛人所看到的燈號則為

選出一個正確的答案

A 0 紅燈和黄燈
B 0 閃示的黄燈
C 0 紅燈
D 0 閃示的綠燈

解釋 33

有交通燈號設置的行人穿越道是屬控制類的穿越道。由行人按下控制鈕以改變交通燈號。

問題 34

這些在行人穿越道的地方所劃有的鋸齒狀線條是什麼意思？

選出一個正確的答案

A 0 只准短時間停車
B 0 減低車速至每小時20英里
C 0 不准按喇叭
D 0 在任何時候都不准停車

解釋 34

接近行人穿越道的地方會劃有鋸齒狀線條。不要

- 停在這些線上
- 在駛近穿越道時超越領頭的車輛

在這些線上停車會阻礙行人和駛近行人穿越道之車輛的視線。

問題 35

這些標誌表示你正靠近

選出一個正確的答案

A 0 一個公車站

B 0 一個路口的劃線方塊

C 0 一個停車區

D 0 一個行人穿越道

問題 36

像這樣沿著道路中央而劃有的白色線條是

選出一個正確的答案

A 0 危險警示

B 0 公車線道的標誌

C 0 "讓路"的標誌

D 0 車道的分線標誌

問題 37

這個路面標誌的意思為

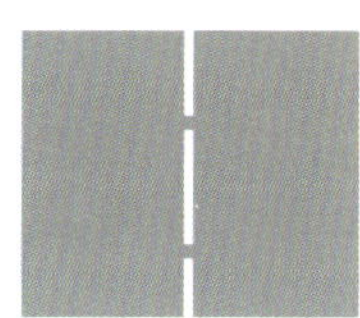

選出一個正確的答案

A 0 不要跨越此線
B 0 不准停車
C 0 你正接近一項危險
D 0 不准超車

問題 38

哪一個是危險警示線？

選出一個正確的答案

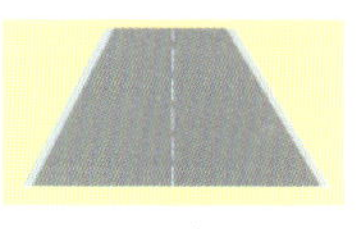

A 0

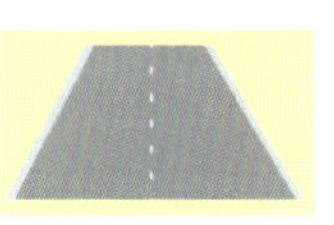

B 0

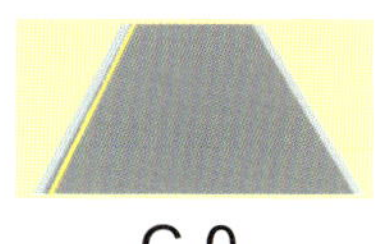

C 0

D 0

解釋 37

路面標誌會警告你在前方的危險。沿著道路中央所劃的一條單虛線若是在各長線條間只留有短縫者，便是危險警示線。不要跨越此線除非你能確定前方的路況是絕對安全的。

問題 39

在這個路口豎有停止標誌，並且地面上也劃有實心白線。原因為何？

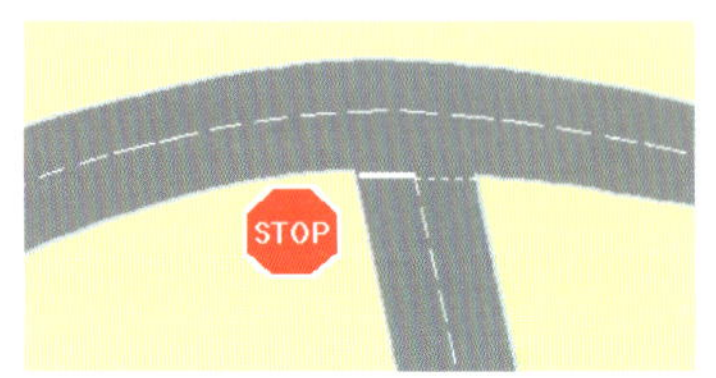

選出一個正確的答案

A 0 在主要道路上的車速是解除限制的

B 0 主要道路上的視線範圍是有限的

C 0 這是個交通繁忙的路口

D 0 在路的中央劃有危險警示線

問題 40

你看見這條線在圓環處橫跨路面。這條線的用意何在？

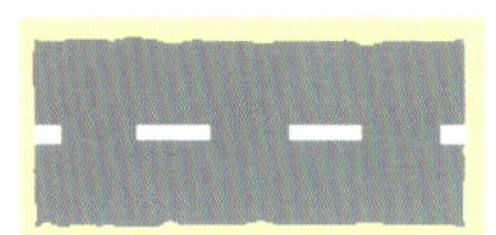

選出一個正確的答案

A 0 由左邊來的交通有通行權

B 0 你有通行權

C 0 停在劃線處

D 0 讓路給由右邊來的交通

解釋 39

如果你看不清路況，就不要行進。

問題 41

在一輛巡邏車內的警察會利用哪種方法要求你停車？

選出一個正確的答案

A 0 等到你停車時再接近你

B 0 閃示其車燈，打左方向燈並指向左方

C 0 使用警報器，超車，切入你的車輛前方並停止你

D 0 與你的車輛並行，使用警報器並揮手要求你停車

解釋 41

你必須遵守警察所給予的指示訊號。

問題 42

有一部警車跟隨著你。警察閃示其車燈並指向左方。你應如何？

一個正確的答案

A 0 在下個地方左轉

B 0 在左邊的地方停車

C 0 立即停車

D 0 移到左邊

問題 43

你正接近一個交通燈號故障的路口。一個警察給予這個指示訊號。你應

選出一個正確的答案

- A ● 在停止線停止
- B O 只能左轉
- C O 只能右轉
- D O 停在與警察手臂平行的地方

解釋 43

如果有警察或交通督察員在指揮交通，你一定要服從指揮。他們會以印在"道路使用規則"一書中的手勢指揮。

問題 44

以下哪三類人有指揮交通的法定權力？

選出三個正確的答案

- A ● 交通督察員
- B ● 負責執行停止-行進牌誌的道路施工人員
- C O 主理動物跨越道路的農場工作人員
- D ● 學校的道路跨越督導人員
- E O 主理正在跨越道路之學童的老師
- F O 任何協助大型車輛駕駛人倒車的人員

問題 45

你想在位於左邊的支線道路再過去一點的地方停車。你應如何？

選出一個正確的答案

A 0 在到達路口前作一個減慢速度的手勢訊號
B 0 不打任何訊號
C 0 在到達路口前打左方向燈
D 0 等通過路口後再打左方向燈

解釋 45

打燈號的適當時機會因路口形態的不同而有異。不要太早打燈號，否則可能會誤導其他駕駛人。

問題 46

哪個手勢訊號是告訴在你後方的車輛你打算左轉？

選出一個正確的答案

A 0
B 0
C 0
D 0

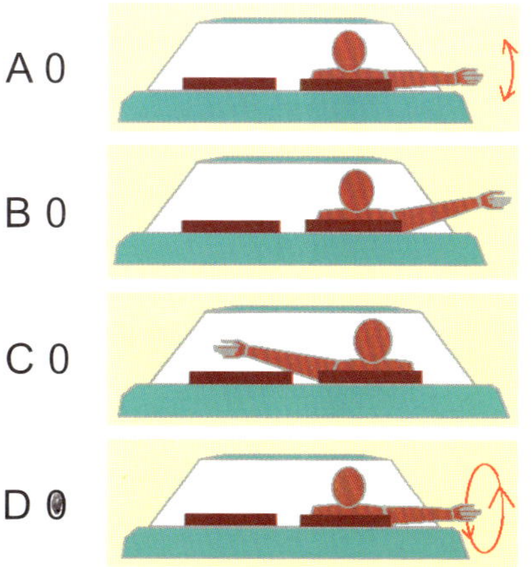

解釋 46

在某些情形下你可能會需要作手勢訊號。例如

- 當其他道路使用者無法看見你的方向燈號時
- 在強烈的陽光下，可能很難看清你的方向燈號時
- 在情況複雜的路口強調你所顯示的訊號時

確保你車輛燈號的清楚性、正確性和果斷性。

問題 47

你打算在路口右轉，但是想到在你車上的方向燈號可能不易被看清。你應如何？

選出一個正確的答案

A O 下車並檢察是否你的方向燈能被看清

B ● 除了打方向燈之外也給予手勢訊號

C O 開在左線車道

D O 保持在右邊的車道上

問題 48

什麼時候你可使用汽車喇叭？

選出一個正確的答案

A ● 警示其他駕駛人有關你的所在處

B O 給你通行權

C O 招惹朋友的注意力

D O 迫使行駛較慢的駕駛人讓路至一邊

解釋 48

你只可使用汽車喇叭來警示其他駕駛人有關你的所在處。不要以具有侵略性的態度來使用喇叭。你絕不可在以下所提狀況使用喇叭

- 晚間11點30分至次日早晨7點間
- 在你的車輛處於靜止狀態時，除非其他行駛中的車輛可能造成危險

問題 49

當其他駕駛人向你閃示他們的前車燈時，這表示

選出一個正確的答案

A O 前有雷達速陷

B O 他們讓路給你

C O 你的車輛發生問題

D ● 他們正在警示你有關他們的所在處

解釋 49

如果其他駕駛人向你閃示他們的前車燈，這並不是表示優先權。閃示前車燈的作用與使用汽車喇叭的作用相同–是警示你有關他們的所在處。

問題 50

你正等在一個T型路口，一部從右方駛來的車輛閃示著左轉方向燈。你應

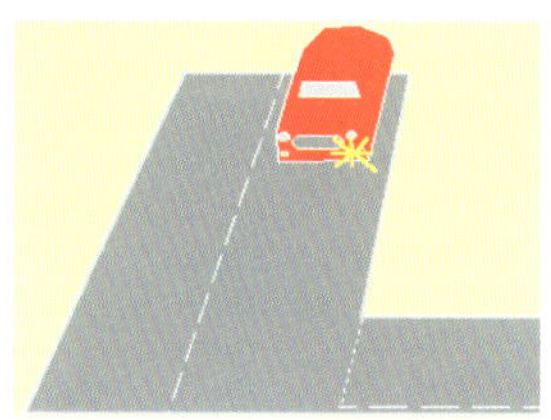

選出一個正確的答案

A 0 駛出路口並重踩油門加速
B ● 等到這部車開始轉進路口時才動
C 0 在這部車到達路口前駛出
D 0 慢慢的駛出

解釋 50

試著預期其他道路使用者的行為。他們的燈號可能是不正確的。

問題 51

什麼時候你不可由左邊超車？

選出一個正確的答案

A ● 在交通順暢的高速公路或雙線道路上
B 0 當路上的冗長交通車隊行進緩慢時
C 0 在單向行駛的道路上
D 0 當在前方的車輛閃示燈號要右轉時

解釋 51

你只能在以下狀況由左邊超車

- 當路上的冗長交通車隊行進緩慢時
- 當在前方的車輛處在右轉位置，而在其左方有足夠空間讓你經過時
- 在單向行駛的道路上

問題 52

這個高速公路標誌的意思為？

選出一個正確的答案

A 0 在下個出口離開高速公路

B 0 轉移到對面的道路

C 0 轉移到在你左邊的線道

D 0 停到路肩上

問題 53

這個高速公路標誌的意思為？

選出一個正確的答案

A 0 暫時最低車速為每小時50英里

B 0 在50英里內沒有休息服務設施

C 0 暫時最高車速為每小時50英里

D 0 前方50公尺(165呎)處有障礙物

解釋 53

注意顯示在你車道上方或在道路中央之保留區的標誌。這些標誌會提供你有關前方路況的重要訊息或警告。

問題 54

這個標誌的意思為？

選出一個正確的答案

A 0 行經車輛請使用左線車道

B 0 前方右線車道關閉

C 0 右線道只通往T型路口

D 0 重量限制為11噸

問題 55

這個高速公路標誌的意思為？

選出一個正確的答案

A 0 換到路肩行駛

B 0 經過左方的臨時障礙

C 0 在下個出口離開高速公路

D 0 換到你左邊的線道行駛

解釋 55

如果標誌指示你換道行駛，儘早利用充分時間轉換車道。

問題 56

行駛在高速公路上，你車道上方閃著紅色燈號。你應如何？

選出一個正確的答案

A 0 繼續行駛在原車道並等待進一步訊息
B ● 停止繼續行駛在原車道
C 0 換到路肩行駛
D 0 停止並等待行進的指示

解釋 56

如果紅色燈號出現在每條車道的上方，即使別人不停車，你也應停車。

問題 57

在高速公路的何處你可看見黃褐色的地面反光釘？

選出一個正確的答案

A 0 交流道和高速公路的分界處
B 0 道路的左側
C ● 道路的右側
D 0 車道分線處

解釋 57

在夜間或視線不良處，路面上的反光釘可協助你判決你在道路上的行車位置。

問題 58

在高速公路的何處你可看見綠色的地面反光釘？

選出一個正確的答案

A 0 車道分線處
B 0 在路肩和道路之間
C ● 在交流道的入口和出口
D 0 在道路和中央保留區之間

問題 59
這個標誌的意思為？

選出一個正確的答案
A 0 高速公路的盡頭
B 0 禁行各式機動車輛
C 0 無通路
D 0 公車專用道的盡頭

第十二部分
文件

這部分專注於駕駛人及其駕駛之車輛的所需備文件

你會被問及有關以下的問題

駕駛執照

汽車駕駛保險

M.O.T.測試證明書

第十二部分 - 文件

問題 1
對以下哪二項你應顯示你的汽車保險證明書？

選出二個正確的答案
A 0 當參加駕駛路考時
B 0 當買或賣車輛時
C 0 當警察要求察看時
D 0 當參予MOT測試時
E 0 當要買汽車路稅時

解釋 1
購買汽車保險時，你會被給予一張保險證明書。裡面會載明誰和什麼已被保。

問題 2
當警察要求察看你的駕駛文件時。若你沒帶在身邊，你可在多少天內拿文件到警察局接受察驗？

選出一個正確的答案
A 0 7天
B 0 5天
C 0 14天
D 0 21天

解釋 2
你不用總將文件帶在身邊。你可在7天內拿文件到警察局接受察驗(在北愛爾蘭則為5天)。

問題 3
在駕駛別人的車輛前，你應確定

選出一個正確的答案
A 0 車輛擁有人持有有效的第三者汽車保險
B 0 你自己的車輛有保險
C 0 車輛擁有人將保險文件留在車裡
D 0 你已被保險駕駛該車

問題 4
要行駛在公共道路上，法定的最低應有保險為何？

選出一個正確的答案
A 0 第三者，火災及竊盜
B 0 全險
C 0 個人傷害保險
D 0 只有第三者

問題 5
當汽車和機車年達多久時必須要有第一張MOT測試證明書？

選出一個正確的答案
A 0 1年時
B 0 5年時
C 0 7年時
D 0 3年時

解釋 5
確定你所行駛的車輛保持在良好安全的狀況。凡車齡滿三年以上的車輛都必須要有一張有效的MOT測試證明書。在北愛爾蘭則為車齡滿四年以上者需有MOT測試證明書。

問題 6
在什麼情況下可以行駛車齡超過三年以上又沒有MOT測試證明書的車輛而仍然合法？

選出一個正確的答案
A 0 在舊有測試證明書過期後的七天內
B 0 當行駛到MOT測試站接受測試時
C 0 當行駛到MOT測試站安排測試時間時
D 0 在剛購買一輛沒有MOT的車之後

解釋 6
凡車齡滿三年以上的車輛都必須要有一張有效的MOT測試證明書，才能被行駛到路上。在北愛爾蘭則為車齡滿四年以上者需有MOT測試證明書。

問題 7
在你可合法行駛前，你需要以下哪**三項**？

選出三個正確的答案
- A 0 一張有效並已簽名的駕照
- B 0 車上已陳列有效的路稅牌
- C 0 你的身份證明證件
- D 0 若車齡在三年以上，一張有效的MOT測試證明件
- E 0 保有汽車全險
- F 0 有關該車輛的手冊

問題 8
以下哪**三項**訊息可由車輛註冊文件上獲得？

選出三個正確的答案
- A 0 註冊的車輛擁有人
- B 0 詳細汽車保養資料
- C 0 MOT的日期
- D 0 所持有的汽車保險種類
- E 0 汽車廠牌
- F 0 引擎的大小

解釋 8
每部可在路上行駛的車輛都有其註冊文件。文件上列明
- 首次註冊的日期
- 註冊的號碼
- 之前的車輛擁有人
- 註冊的車輛擁有人
- 汽車廠牌
- 引擎的大小及車體底盤號碼
- 出廠年限
- 顏色

問題 9
選**二項**答案。要輔導學習駕駛人開車你**必須**

選出二個正確的答案
- A 0 是認經許可的駕駛教練
- B 0 持有正式駕照至少三年
- C 0 持有高級程度駕駛執照
- D 0 至少年滿21歲

解釋 9
如果可能，向專業教練學習。你會從開始就受到正確的指示教導。

第十三部分
車禍

這部分專注於車禍發生時應如何處理

你會被問及有關以下的問題

急救

警示工具

報告車禍發生的過程手續

安全法令規定

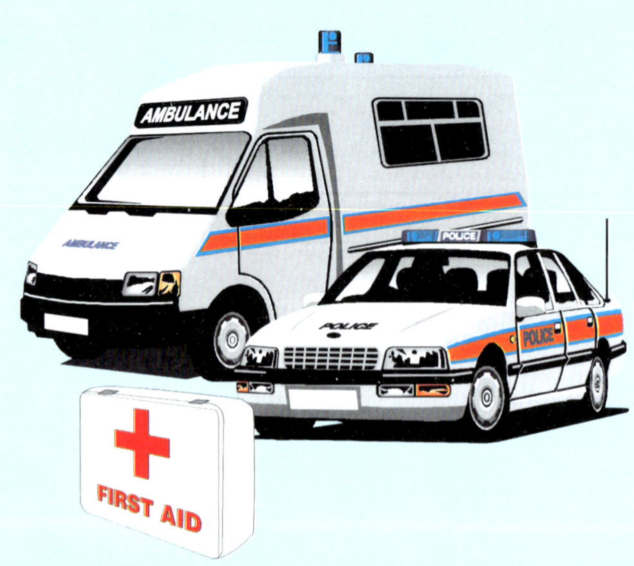

問題 1
你是到達車禍現場的第一個人，你應做哪**四項**事？

選出四個正確的答案

A 0 停止所有汽車引擎
B 0 在另一個駕駛人到達現場後儘快離開
C 0 將沒有受傷的人移出車輛
D 0 通知緊急救護服務隊
E 0 警告其他的行駛車輛

問題 2
你停在車禍的現場以協助救援的工作。你應做哪**三項**事？

選出三個正確的答案

A 0 保持受傷者在溫暖、安適的程度
B 0 扶著受傷者四處走動以保持他們的行動能力
C 0 用可靠的態度和他們談話以保持受傷者的鎮定
D 0 給受傷者飲用暖和的液體
E 0 確保受傷者未被單獨留在一旁

解釋 2
不要

- 移動受傷者，除非所處之地可能有更進一步的危險發生
- 給受傷者喝任何東西

問題 3

你到達一個機車車禍的現場，機車騎士雖然清醒著但卻處於驚嚇的狀態中。你應確保

選出一個正確的答案

A 0 移去騎士的頭盔
B 0 不要移去騎士的頭盔
C 0 騎士被移到路旁
D 0 讓騎士處於甦醒姿勢

問題 4

你到達一個涉及載有危險化學品之卡車的車禍現場，你停止其他車輛的行進，在打999求救之前你應如何？

選出一個正確的答案

A 0 試著移動卡車
B 0 試著用水清洗以沖淡化學品
C 0 從卡車上的標誌找出化學品的種類
D 0 試著停止化學品的擴散

問題 5

一輛箱槽卡車涉及車禍。哪個標誌顯示這輛卡車載有危險物品？

選出一個正確的答案

A 0

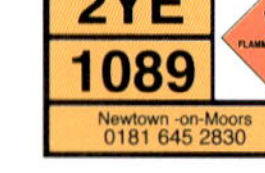

B 0

C 0

LONG VEHICLE

D 0

解釋 3

在機車車禍的現場，若是騎士或搭乘者受傷時

- 不要移去頭盔
- 在緊急救護服務隊到達前，以可靠的態度予以安慰以消除其恐懼感

解釋 4

若車禍涉及卡車或箱槽卡車時，它們可能載有危險化學品或危險物品。

它們會有橙色的標誌顯示在卡車的旁側和後方。小心看清標誌並在打電話向緊急救護服務隊求救時報告標誌上所列有的訊息。

問題 6

在哪二個情況下你應使用危險警示燈號？

選出二個正確的答案

A 0 當你想停在雙黃線上時

B 0 當你需要停在人行道上時

C 0 當在高速公路上因前有危險而需很快減低車速時

D 0 當你拋錨時

解釋 6

在下列情況下你可使用危險警示燈號

- 當你拋錨時
- 當你無法避免造成阻礙時
- 當在高速公路上因前有危險而需很快減低車速時。這會警告後方的車輛你正突然的、快速的減低車速。

問題 7

什麼時候你可使用危險警示燈號？

選出一個正確的答案

A 0 當行駛在黑暗中又沒有使用車燈時

B 0 當停止和暫時阻礙交通時

C 0 當為購物而停在雙黃線上時

D 0 因你迷路而行駛緩慢時

解釋 7

不要在以下所列使用危險警示燈號

- 來作為自己不合法的、危險的或自私停車的藉口。
- 因你迷路而行駛緩慢
- 因為壞天氣而行駛緩慢

問題 8

什麼時候你可使用危險警示燈號？

選出一個正確的答案

A 0 因為壞天氣而行駛緩慢時

B 0 當你無法避免造成阻礙時

C 0 當你在拖吊一輛拋錨的車時

D 0 當你停在雙黃線上時

問題 9

你在雙向行駛的車道上拋錨。你應將警示三角架放在離你車輛至少多遠的地方？

選出一個正確的答案

A 0 5公尺(16呎)
B 0 50公尺(165呎)
C 0 25公尺(80呎)
D 0 100公尺(330呎)

問題 10

你在"A"級道路發生車禍，你應在離肇事處多遠的地方放置警示三角架？

選出一個正確的答案

A 0 50公尺(165呎)
B 0 100公尺(330呎)
C 0 25公尺(80呎)
D 0 150公尺(495呎)

解釋 9

警示三角架的放置距離

- 若在平直的道路上，應放在離你車輛至少50公尺(165呎)的地方
- 若在高速公路或雙線道路上，則應放在離你車輛至少150公尺(495呎)的地方

問題 11
你在一條平常的道路上拋錨，你應將警示三角架放在

選出一個正確的答案
A 0 你的車頂
B 0 你車後方至少150公尺(495呎)處
C 0 你車後方至少50公尺(165呎)處
D 0 你的車後

問題 12
你在駕駛時發生車禍並且有人受傷。你必須在多久以內向警察報告？

選出一個正確的答案
A 0 7天
B 0 48小時
C 0 5天
D 0 24小時

解釋 12
在北愛爾蘭，車禍發生後要"立刻"向警察報告。

問題 13
鐵路平交道上的紅色燈號在一列火車駛過之後還仍然閃示著。你應如何？

選出一個正確的答案
A 0 打電話給號誌操縱員
B 0 警告在你後面的駕駛人
C 0 小心的前進
D 0 等待

問題 14

你在平交道上拋錨，平交道上的燈號尚未開始閃示。你應做哪三件事？

選出三個正確的答案

A 0 沿著鐵軌走，並向下一班火車打訊號

B 0 把發生的事情告訴在你後面的其他駕駛人

C 0 打電話給號誌操縱員

D 0 確定車內的人都離開車輛

E 0 如果號誌操縱員告訴你將車輛移離平交道，則聽從他的話移車

問題 15

你的車在平交道的中央熄火，無法再發動引擎，而此時平交道的警鈴開始響起。你應

選出一個正確的答案

A 0 沿著鐵軌跑並警告號誌操縱員

B 0 下車並離開平交道

C 0 繼續試著再發動引擎

D 0 將車推離平交道

解釋 14

不要

- 沿著鐵軌走去警告接近中的火車
- 試著再發動引擎
- 將車推離平交道

問題 16
你的車在自動控制的鐵路平交道上拋錨。你應**首先**如何？

選出一個正確的答案
A 0 打電話給號誌操縱員以停止火車
B 0 沿著鐵軌走去警告任何接近中的火車
C 0 確定每個人都下車並遠離平交道
D 0 試著將車推離平交道

問題 17
若車輛的一個前輪爆胎時，你應做哪**二件**事？

選出二個正確的答案
A 0 換至低檔並重踩剎車
B 0 讓車輛滑行至停止
C 0 快速並斷然的剎車
D 0 輕輕的掌握方向盤
E 0 堅定的緊握方向盤

解釋 17
在行駛中若遇車輛爆胎，你會感覺到失去一些控制力。如果是前輪爆胎時，掌握住方向盤向並逐漸停車。不要
- 重踩剎車
- 放鬆方向盤

問題 18
車胎在高速公路上被刺破時應

選出一個正確的答案
A 0 慢慢開到下個休息服務區去求救
B 0 停到路肩上，利用緊急電話求救
C 0 停到路肩上，儘快更換輪胎
D 0 停在行駛的車道上並閃示危險警示燈號

解釋 18
由於道路上的車輛行駛速度非常快又很靠近你，更換駕駛人這一側的輪胎會很危險。

問題 19

你的車輛在高速公路上拋錨。你去打緊急電話求救，你的乘客應

選出一個正確的答案

A 0 離開路肩，在堤防上等待
B 0 站在停於路肩的拋錨車輛旁
C 0 陪你去打電話
D 0 在車內等待

解釋 19

若你的車輛在高速公路上拋錨，你應試著將車停到路肩。走路到離你最近的一個緊急電話求救。路肩旁的標誌桿會指示你行走的方向。

問題 20

在高速公路上行駛，你的行李由車上掉出到路上時，你該如何？

選出一個正確的答案

A 0 在高速公路上停車，並在你撿起行李時閃示危險警示燈號
B 0 在高速公路上倒車去撿回行李
C 0 在下一個設有緊急電話的地方停車並與警察聯絡
D 0 把車停到路肩，然後向路上的交通揮手示意他們減速

解釋 20

不要

- 在高速公路上停車
- 試著撿回任何東西

問題 21

在高速公路上行駛時，一個大箱子由在你前方的大卡車上掉到路上，而大卡車並沒有因此而停車。你應

選出一個正確的答案

A 0 趕上卡車駕駛人並試著招惹他的注意力

B 0 開到下一個設有緊急電話的地方，打電話通知警察

C 0 停在接近箱子的地方並閃示你車上的危險警示燈號，直到警察到達為止

D 0 把車停到路肩然後試著把箱子移離道路

解釋 21

卡車駕駛人有時無法警覺到有物品由車上掉落。

第十四部分
車輛裝載貨物

這部分專注於車輛裝載貨物的安全

你會被問及有關以下的問題

裝載貨物

穩定性

拖吊法令規則

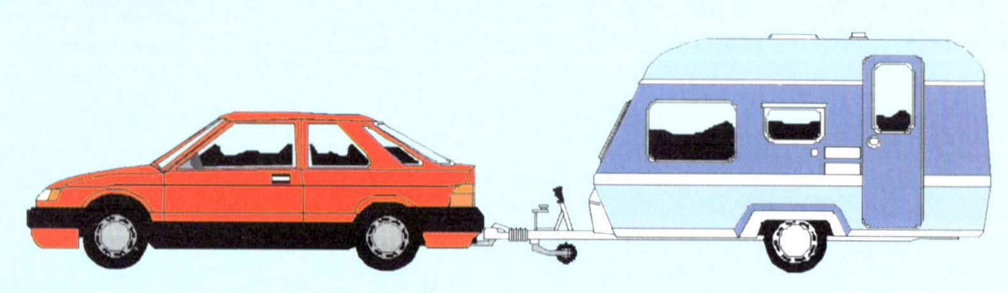

問題 1
裝載在車頂網架上的物品必須

選出一個正確的答案
A 0 在絕對需要時才裝載
B 0 越輕越好
C 0 在行駛時已安全的綁緊
D 0 用塑膠布蓋好

問題 2
哪三項安全束縛設備適用於三歲以下的孩童在車內使用？

選出三個正確的答案
A 0 兒童安全椅
B 0 繫在兒童身上的挽繩
C 0 大人抱著小孩
D 0 專用運載嬰兒的躺椅
E 0 成人用的安全帶
F 0 橫越腿上的平行安全帶

解釋 2
駕駛人有責任確保三歲以下的兒童乘客使用適當的安全帶或汽車安全座椅。如果兒童坐在前座，一定要使用安全束縛設備。如果兒童坐在後座而車後方備有安全束縛設備時，則一定要使用。

問題 3
汽車兒童安全鎖的作用為

選出一個正確的答案
A 0 將安全帶的按扣鎖定不動
B 0 將後車窗鎖定在上面的位置
C 0 停止後座向前傾
D 0 停止兒童開啟後車門

問題 4
讓孩童坐在後座後方的行李放置處安全嗎？

選出一個正確的答案
A 0 安全。只要你能看見後方就沒問題
B 0 不安全。不論在任何情況下
C 0 安全。只要他們在年紀11歲以下
D 0 不安全。除非所有的座位都坐滿了

問題 5
裝載貨物在車後附隨車中，你應將重量

選出一個正確的答案
A 0 大部分傾在靠近路旁的車輪
B 0 平均分配
C 0 大部分集中在前半部
D 0 大部分集中在後半部

解釋 5
裝載貨物在車後附隨車中，你應考慮要如何裝載才適當。

問題 6
如果你在拖行的附隨車歪向一旁或蛇行，你應

選出一個正確的答案
A 0 放鬆油門並減低車速
B 0 放鬆方向盤並讓它自行矯正
C 0 重踩剎車並踩下踏板不放
D 0 儘快加速

解釋 6
強風或由大型車輛造成的風會使車後的附隨車或露營旅行車歪向一旁或蛇行。如果這種情形發生，放鬆油門。不要
- 重踩剎車
- 猛烈的操縱方向盤
- 加速

問題 7

如何防止車後拖曳的露營旅行車蛇行？

選出一個正確的答案

A 0 非常慢的減速

B 0 慢慢得把方向盤左右移動

C 0 加油門以增加車速

D 0 儘快停車

第十四部分 - 車輛裝載貨物

PART FOUR THE ANSWERS

第四單元　問題解答

Section 1 - ALERTNESS 機敏警覺性

1. A	6. B
2. C	7. A
3. B	8. B
4. D	9. D
5. A	10. A

Section 2 - ATTITUDE 態度

1. A	6. C	11. B	16. B	21. D
2. C	7. A C	12. D	17. A	22. C
3. D	8. B	13. B	18. C	23. D
4. A	9. A	14. A	19. B	
5. D	10. D	15. C	20. B	

Section 3 - SAFETY AND YOUR VEHICLE 安全及你的車輛

1. B	6. D	11. A	16. B	21. D
2. A B D E	7. C D E	12. A	17. C	22. B
3. C D	8. A	13. B	18. B	
4. B	9. C	14. D	19. A	
5. C	10. D	15. C	20. B	

Section 4 - SAFETY MARGINS 安全界限

1. B	6. D	11. B	16. C E F	21. D
2. A	7. C	12. A	17. B	22. C
3. C	8. A	13. C	18. A	23. A
4. B	9. A	14. B	19. C	24. B D
5. C	10. D	15. B	20. A	25. B
26. A				
27. C				
28. A B D				
29. A				
30. D				

Section 5 - HAZARD AWARENESS 危險察覺意識

1. B	6. B	11. C D	16. A	21. B
2. A	7. B C E	12. D	17. C	22. D
3. D	8. D	13. A	18. A B E	23. A
4. A	9. B	14. B	19. B	24. B
5. B	10. C	15. B	20. D	25. A C
26. B	31. C			
27. D	32. A B D			
28. A	33. C			
29. B				
30. C D E				

PART FOUR THE ANSWERS
第四單元 問題解答

Section 6 - VULNERABLE ROAD USERS 易受傷害的道路使用者

1. D 2. A 3. B 4. D 5. B	6. A C D 7. C 8. A B 9. C 10. D	11. D 12. B 13. A 14. C 15. B	16. B 17. C 18. B 19. A 20. C	21. B 22. D 23. A 24. A 25. C
26. D 27. A B C 28. B 29. D 30. B	31. C 32. B 33. B 34. B 35. C	36. D 37. B 38. B		

Section 7 - OTHER TYPES OF VEHICLE 其他種類的車輛

1. B 2. A 3. D 4. A 5. C	6. B 7. A 8. B 9. C 10. B C E	11. B 12. D 13. B

Section 8 - VEHICLE HANDLING 車輛的操縱

1. D 2. A B F 3. B 4. A B C 5. C	6. A 7. A B E 8. B 9. A 10. C	11. B 12. A B 13. C 14. C 15. A	16. B 17. D 18. A 19. B 20. A	21. B 22. A 23. A 24. B 25. B
26. B D 27. B 28. C 29. B 30. A	31. B 32. A D 33. D			

Section 9 - MOTORWAY RULES 高速公路規則

1. A 2. B C D F 3. D 4. B 5. B	6. B 7. C 8. A 9. D 10. B	11. D 12. B 13. A 14. C 15. B	16. A 17. D 18. B 19. B 20. C	21. A 22. D 23. B 24. B C E 25. B
26. C 27. B 28. A 29. C 30. C	31. B 32. A			

PART FOUR THE ANSWERS

第四單元 問題解答

Section 10 - RULES OF THE ROAD 道路規則

1. B 2. B 3. D 4. A 5. C	6. B C E 7. D 8. B 9. A B C E 10. B	11. D 12. B 13. A 14. D 15. C F	16. B 17. B C E 18. A 19. C 20. A D	21. D 22. B 23. D 24. B 25. A
26. C 27. A C D 28. C 29. A 30. C	31. A 32. C 33. A 34. C			

Section 11 - ROAD AND TRAFFIC SIGNS 道路及交通標誌

1. B 2. A 3. B 4. A 5. D	6. C 7. C 8. A 9. D 10. B	11. C 12. B 13. D 14. D 15. A	16. B 17. A D E F 18. D 19. C 20. A	21. A 22. D 23. B 24. D 25. C
26. A 27. B 28. D 29. C 30. A	31. C 32. C 33. B 34. D 35. D	36. A 37. C 38. A 39. B 40. D	41. B 42. B 43. A 44. A B D 45. D	46. D 47. B 48. A 49. D 50. B
51. A 52. C 53. C 54. B 55. D	56. B 57. C 58. C 59. A			

Section 12 - DOCUMENTS 文件

1. C E 2. A 3. D 4. D 5. D	6. B 7. A B D 8. A E F 9. B D

Section 13 - ACCIDENTS 車禍

1. A C D E 2. A C E 3. B 4. C 5. B	6. C D 7. B 8. B 9. B 10. A	11. C 12. D 13. D 14. C D E 15. B	16. C 17. B E 18. B 19. A 20. C	21. B

Section 14 - VEHICLE LOADING 車輛裝載貨物

1. C 2. A B D 3. D 4. B 5. B	6. A 7. A

PART FIVE CONCLUSION

第五單元-結論

本書的目的在於協助你準備及通過理論測驗。如果你用充足的時間專心準備，你會發現測驗的問卷並不困難。

通過理論測驗是你邁向成為一個安全駕駛的第一步。善用你所學得的知識在實際的路況駕駛。當然，在你未來的駕駛生命中，有許多教科書上所學不到的狀況會隨時發生，也隨時提供你學習新知識的機會。

附錄

這附錄提供您一些可能有益於駕駛理論考試的資訊。

當你駛近這座橋的時候，你應當：

* 減速慢行
* 考慮按喇叭
* 當心行人

鑽石形標誌給予電車駕駛人指示。

如果你在慢速行駛的貨車車尾看到這個標誌，請小心駕駛，並保持在貨車的左邊。

這些標誌可見於：

* 大型載貨車
* 停放在馬路旁放置建築廢棄物的拖車箱

這個由警察所發出的訊號，是要求來車停止。

這個圖誌代表單車和行人共用的十字路通道。

在校車車尾可以見到這個標誌。

如果停在你前面的車有個橘色的標誌，請替輪椅預留空間。

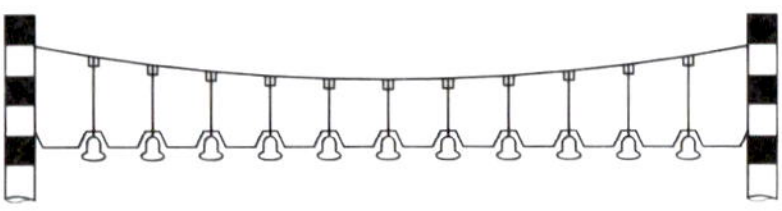

高掛在路面上的警鈴是警示你留意空中的電纜。

如果你看見這個標誌，意思是電纜車必須停下來。

在路況良好時，與前車的最低限度安全空間，最好保持在兩秒鐘的距離。

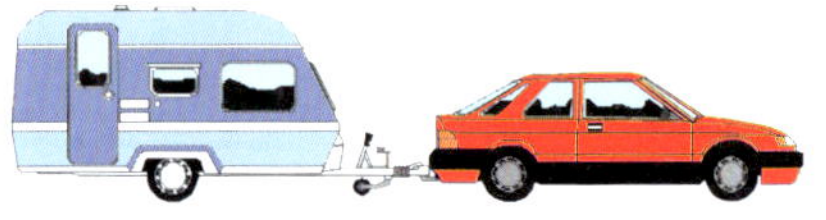

如果你拖有旅行篷車，並行駛於雙向道，車速不得超過每小時六十英哩。

這是解除最低速限的標誌。

Meter
ZONE
Mon - Fri
8.30 am - 6.30 pm
Saturday
8.30 am - 1.30 pm

在這標誌註明的日子及時間內，你若想停車，必需停在停車格內並且付停車費。

在公車運作的時段以外，汽車可以行駛在這公車專用道上。

在駛近隱蔽的鐵路平交道時你會看見這個標誌。

這表示控制交通量的最大速限。

這個標誌解除每小時二十英哩的速限。

這個標誌表示此路徑只限於電纜車行駛。

這類標誌適用於高型的車輛。

這個標誌表示在註明的日子及時間內，不得停車。

這是解除限制停車的標誌。

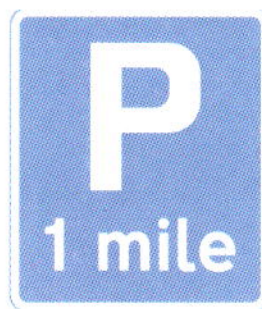

這個標誌說明到停車場的距離。

這個標誌意指車輛可以停在匿欄内或小徑内。

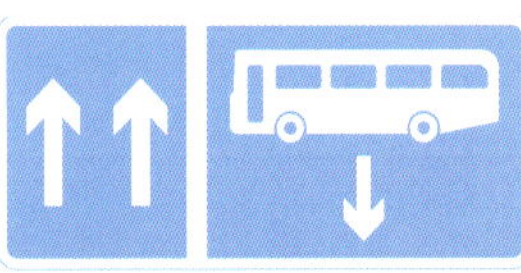

這是逆向巴士專用道的標誌。

這是巴士和自行車共用同向道的標誌。巴士和自行車可在此道内和他種車輛同方向行駛。

這個標誌的意思是讓路給電纜車。

這是前有隧道的標誌。

這是碼頭鄰近地區或河岸區的標誌。

這是度假旅遊路線的標誌。

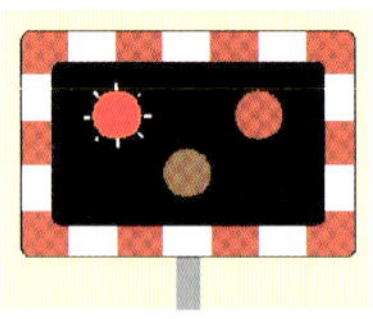

這些閃紅燈意思是停止，它們可見於：

* 升降橋
* 鐵路平交道
* 消防站

當接近有行人等候的斑馬線路口時，你會發現〝慢下來〞的手勢很有用，這可以向來車及後面的車表明你的意圖。

在路面凸起處可以見到這個標誌。

這個標誌的意思是重型及慢速車輛專用道。

如果前車駕駛人作此手勢的話，表示他要左轉。

在高速公路交流道可以見到這個路標。

這個高速公路指標上的號碼〝25〞是下一個出口的號碼。

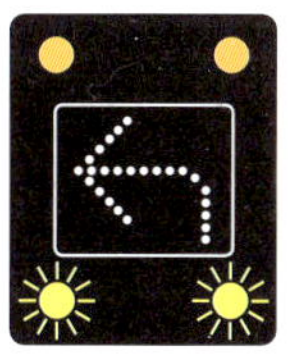

在高速公路上看到這個標誌，意指你需在下個出口駛離高速公路。

NOTES